Khalil Gibran

Eine Träne
und ein Lächeln

Walter-Verlag
Olten und Freiburg im Breisgau

دَمعَة وَابْتِسَامَة

Dam'atun wa-Ibtisama
Die Originalausgabe erschien 1914

Die Übersetzung aus dem Arabischen besorgten
Ursula Assaf-Nowak und Simon Yussuf Assaf

Alle Rechte der deutschen Ausgabe vorbehalten
© Walter-Verlag, Olten 1992
Satz: Jung Satzcentrum GmbH, Lahnau
Druck: Nord-West-Druck, Trimbach
Einband: Walter-Verlag, Heitersheim
Printed in Switzerland
ISBN 3-530-26715-5

Dieses Buch, die erste Brise vom Sturm
meines Lebens, widme ich der edlen Seele
M. E. H., die das sanfte Wehen des Windes
liebt und mit den Stürmen aufbricht.

Khalil Gibran

Inhalt

Einleitung

Weder möchte ich die Trauer meines Herzens gegen die Freuden der Menschen eintauschen, noch wäre es mir lieb, daß sich die Tränen meines Kummers in Lachen verwandelten. Vielmehr wünsche ich mir, daß es in meinem Leben stets Tränen und Lächeln gibt: Tränen, die mein Herz läutern und mir helfen, die Geheimnisse und Ungereimtheiten des Lebens besser zu verstehen, und Lächeln, das mich mit anderen Menschen verbindet und Gott verherrlicht. Durch Tränen teile ich den Schmerz aller gebrochenen Herzen, und durch Lächeln bejahe ich das Leben.

Lieber stürbe ich vor Verlangen, als im Überfluß zu leben. Ich wünsche mir, daß meine Seele immerfort nach Liebe und Schönheit hungert, denn ich sah, daß die Satten die unglücklichsten Menschen sind, und die Seufzer der Sehnsucht erschienen mir wohlklingender als Glockengeläut.

Wenn der Abend kommt, schließt die Blume ihre Blütenblätter über ihrer Sehnsucht und schläft ein. Sobald der Morgen naht, öffnet sie ihre Lippen dem Kuß der Sonne. Das Leben der Blume ist Sehnsucht und Erfüllung, eine Träne und ein Lächeln.

Das Wasser des Meeres verdunstet, steigt auf und verdichtet sich zu Wolken, die über Hügel und Täler dahinziehen. Begegnen sie dem Wind, sinken sie weinend auf die Felder hinab, vereinigen sich mit den Flüssen und kehren ins Meer zurück – zu ihrem Ausgangspunkt. Auch das Leben der Wolken ist Trennung und Begegnung, eine Träne und ein Lächeln.

Ebenso ist es mit der Seele. Sie trennt sich vom unendlichen Geist und begibt sich in die Materie. Dort schwebt
sie wie eine Wolke über den Bergen der Traurigkeit und
den Tälern der Freuden, bis sie dem Hauch des Todes begegnet. Dann kehrt sie zurück, woher sie kam, zum Meer
der Liebe und der Schönheit, zu Gott...

Das Leben der Liebe

Der Frühling

Komm, meine Geliebte, laß uns über den Morgentau laufen! Der Schnee schmilzt schon, das Leben erwacht auf
seinem Ruhelager und schwingt sich in die Täler. Komm,
folgen wir dem Frühling in die weiten Felder! Steigen wir
auf die Gipfel und betrachten die blühenden Täler!
Der Frühlingsmorgen hat sein prächtiges Gewand entfal-
tet, während die Nacht des Winters das ihre ablegte. Er
warf es den Pfirsich- und Apfelbäumen über, und nun sehen sie aus wie Bräute in ihrer Hochzeitsnacht. Die Weinreben sprießen, ihre Äste und Zweige umarmen sich wie
Verliebte. Die Bäche tanzen im Felsgestein und stimmen
in den Freudengesang ein. Aus dem Herzen der Natur
quellen Blüten und Blumen hervor wie aus dem Meer die
Gischt.
Komm, laß uns die Tränen des Himmels aus den Kelchen
der Narzissen trinken, lauschen wir den Liedern der Vögel und atmen die Düfte ein, die jede Brise austeilt.
Komm, setzen wir uns zu den Veilchen an diesem Felsen,
und schenken wir uns den Kuß der Liebe!

Der Sommer

Komm auf die Felder, meine Geliebte, denn die Tage der
Ernte nahen! Die Saat reift, und die Sonne schenkt ihr die
Vollendung durch die Strahlen ihrer Liebe. Laß uns auf-

brechen, ehe uns die Vögel zuvorkommen und die Früchte unserer Mühen ernten oder bevor ein Heer von Ameisen sich unseren Platz aneignet.

Komm, pflücken wir die Früchte der Erde, so wie unsere Seelen die Früchte des Glückes ernten, das aus der Saat der Treue sprießt, welche die Liebe in unser Herz säte. Füllen wir unsere Speicher mit den Erträgen der Natur, so wie das Leben die Speicher unserer Erinnerung füllt.

Komm, meine Begleiterin, legen wir uns ins Gras, und decken wir uns mit dem Himmel zu. Laß uns ein Bündel weichen Heus als Kopfkissen nehmen. So ruhen wir aus von den Mühen des Tages und lauschen dem nächtlichen Flüstern des Baches im Tale.

Der Herbst

Komm in die Weinberge, meine Geliebte! Laß uns die Reben pressen und ihren Saft in Tonkrüge füllen, so wie die Seele die Weisheit von Generationen in ihren Tiefen hortet. Pressen wir die Blüten, und erhalten wir dem Auge ein Zeichen, das die Wirklichkeit durch ein Symbol ersetzt.

Kehren wir nun heim, denn die Blätter sind gelb geworden! Der Wind hat sie zerstreut, und sie legten sich wie ein Leichentuch auf die Blumen, die sich vor Kummer verzehrten, als der Sommer von ihnen Abschied nahm.

Komm, die Vögel sind schon zur Küste aufgebrochen, und mit ihnen verließ die Geselligkeit Gärten und Wiesen. Einsam blieb der Jasmin zurück, der seine Tränen auf die Erde vergießt.

Laß uns heimkehren, denn auch die Bäche brachen ihre Reise ab, die Freudentränen der Quellen versiegten, und die Hügel legten ihre herrlichen Gewänder ab. Komm

Geliebte, die Natur will schlafen und verabschiedet sich mit einem Wiegenlied.

Der Winter

Rück näher zu mir, Gefährtin meines Lebens, rück näher! Der eisige Hauch des Schnees soll unsere Körper nicht trennen. Setzen wir uns an den Ofen, denn das Feuer ist die köstliche Frucht des Winters. Erzähl mir, was die Jahrhunderte uns aufzeichneten, denn meine Ohren sind müde vom Seufzen des Sturmes und vom Klagen der Elemente. Schließ die Türen und Fenster, denn das grimmige Gesicht des Himmels betrübt mich ebenso wie der Anblick der Stadt, die unter den Schichten des Schnees einer trauernden Witwe gleicht. Freuen wir uns an der Öllampe, die sich langsam verzehrt. Laß sie neben dir, damit ich lesen kann, was die Nächte in dein Gesicht geschrieben haben . . . Bring uns den Weinkrug! Trinken wir daraus und erinnern wir uns an die Tage der Weinernte. Rück näher, meine Geliebte, denn das Feuer erlischt, und bald bedeckt es die Asche. Drück mich fester an dich. Das Licht der Öllampe ist schon verloschen, und Dunkelheit herrscht . . . Der Wein macht unsere Augenlider schwer. Sieh mich an mit deinen Augen, die der Schlaf mit Kohel schminkte. Umarme mich, bevor der Schlaf mich überfällt. Küß mich, denn alles hat der Schnee erstickt außer deinem Kuß. Wie tief ist das Meer des Schlafes, meine Geliebte, und wie weit entfernt ist der Morgen in dieser Welt!

Geschichte

Am Ufer eines Flusses, im Schatten von Nußbäumen und
Weiden saß der Sohn eines Bauern und betrachtete das ruhig dahinfließende Wasser. Er ist ein Jüngling, der in der
freien Natur aufgewachsen ist, wo alles von der Liebe
spricht, wo die Zweige sich umarmen, die Blumen sich
einander zuwenden, die Vögel Liebeslieder anstimmen
und alles den Geist der Liebe verkündet. Er ist ein Jüngling von zwanzig Jahren. Gestern sah er an der Quelle ein
junges Mädchen im Kreise ihrer Freundinnen, und er verliebte sich in sie. Dann erfuhr er, daß sie die Tochter eines
Prinzen ist. Er tadelte sein Herz und beklagte sein Schicksal. Aber sein Tadel vermochte die Liebe nicht aus seinem
Herzen zu entfernen, und seine Vorwürfe konnten seine
Seele nicht von der Wahrheit abwenden. Der Mensch ist
zwischen seiner Seele und seinem Herzen wie ein biegsa-
mer Zweig, mit dem der Nordwind und der Südwind
spielt.
Der Jüngling sah ein Veilchen zwischen Kamillen stehen.
Er hörte, wie sich die Nachtigall mit einer Amsel unter-
hielt. Und während er sich an die Stunden der Liebe erinnerte, beweinte er seine Einsamkeit und klagte:
«Die Liebe macht sich über mich lustig. Sie hat mich zum
Gespött der Menschen gemacht; sie hat mich dahin geführt, wo die Hoffnung Schande bedeutet und die Wünsche Demütigungen. Die Liebe, der ich diene, hat mein
Herz bis zum Schloß des Prinzen erhoben, während sie
mich aus der niedrigen Hütte eines Bauern kommen ließ.
Sie hat meiner Seele die Schönheit einer Paradiesjungfrau

gezeigt, die umgeben ist von mächtigen Männern und geschützt durch ihren hohen Rang. Ich bin dir gehorsam, o Liebe, in allem, was du von mir verlangst. Ich bin dir gefolgt auf feurigem Weg, und die Flammen drohten mich zu verbrennen. Ich öffnete meine Augen und sah nichts als Finsternis. Ich ließ meiner Zunge freien Lauf, sie wußte nur von Trauer zu sprechen. Die Sehnsucht hat mich geküßt, und seitdem leide ich an einem geistigen Hunger, den nur der Kuß der Geliebten stillen kann. Ich bin schwach, o Liebe. Warum willst du mich zu deinem Gegner machen, wo du so stark bist? Warum tust du mir unrecht. Bist du nicht gerecht, und bin ich nicht unschuldig? Warum demütigst du mich, du, die du mein Beistand bist?

Warum gibst du mich auf, wo du meine Zuflucht bist? Wenn mein Blut ohne deinen Willen fließt, so vergieße es! Wenn meine Füße sich auf anderen Wegen bewegen als den deinen, so lähme sie! Dein Wille geschehe in diesem Körper, und meine Seele erfreue sich im Schatten deiner Flügel. Die Bäche fließen zu ihrem Geliebten, dem Meer; die Blumen lachen ihren Geliebten an, das Licht der Sonne, und die Wolken senken sich auf das Tal, das sie erwartet. Ich besitze in mir, was weder die Bäche wissen noch die Blumen hören oder die Wolken begreifen. Dennoch bin ich allein in meinem Leid und einsam in meiner Liebe, weit entfernt von derjenigen, die mich nicht als Soldat in der Armee ihres Vaters sehen will und nicht als Diener in ihrem Schloß.»

Der Jüngling schwieg eine Weile, als ob er lernen wollte, durch das Rauschen der Bäche und das Rascheln der Blätter zu sprechen. Dann fuhr er fort:

«O du, deren Namen ich zu nennen fürchte, die du durch dichte Vorhänge und dicke Mauern von mir getrennt bist, deren Begegnung ich nicht begehre, außer in der

Ewigkeit, wo alle gleich sind, du, der die Mächtigen gehorchen, vor der sich die Nacken beugen und die Schätze und Tempel öffnen, du besitzt ein Herz, das der Liebe geweiht war. Du hast eine Seele zum Sklaven gemacht, die Gott frei erschuf, und du hast einen Verstand in deinen Bann gezogen, der gestern noch frei durch die Felder schweifte und heute ein Gefangener der Bande dieser Liebe ist.

Ich habe dich gesehen, du Wunderschöne, und ich wußte plötzlich, warum ich auf dieser Erde lebte. Als ich deinen hohen Stand erfuhr und mir meiner Niedrigkeit bewußt wurde, da habe ich gelernt, daß die Götter Geheimnisse haben, die die Menschen nicht kennen, und sie kennen Wege außerhalb der menschlichen Gesetze, die den Geist zur Erfüllung in der Liebe führen. Als ich deine Augen sah, war ich sicher, daß das menschliche Leben ein Paradies und seine Pforte das menschliche Herz ist. Doch als ich deinen hohen Rang und meinen niedrigen bedachte, habe ich gewußt, daß diese Erde keine Heimat mehr für mich ist. Als ich dich bei deinen Freundinnen sitzen sah – wie eine Rose zwischen Kräutern, da dachte ich, daß sich die Frau meiner Träume in einen Menschen aus Fleisch und Blut verkörpert hatte. Und als man mir berichtete, wer dein Vater ist, da entdeckte ich, daß auch eine Rose ohne Dornen die Finger bluten lassen kann. Und alles, was mein Traum vereint hatte, zerstreute sich beim Erwachen . . .»

Nach diesen Worten stand er auf und ging zur Quelle. Und mit den folgenden Worten brachte er den Kummer und die Verzweiflung seines gebrochenen Herzens zum Ausdruck:

«Komm, o Tod, und befreie mich! Eine Erde, auf der die Dornen die Blüten ersticken, ist nicht wert, bewohnt zu werden. Komm und rette mich vor Tagen, die die Liebe entthronen und Rang und Ehre an ihre Stelle setzen. Rette mich, o Tod, denn die Ewigkeit ist erstrebenswerter als der Platz der Liebenden in dieser Welt. Dort, o Tod, erwartet mich meine Liebe. Dort werde ich mit ihr vereint.»

Er erreichte die Quelle, als der Abend nahte. Die Sonne begann, ihre goldene Schleppe von den Feldern zurückzuziehen. Er setzte sich auf die Erde, die die Füße der Prinzessin berührt hatten. Weinend drückte er seinen Kopf auf seine Brust, als ob er sein Herz daran hindern wollte, ihn zu verlassen.

In diesem Augenblick erschien hinter den Weiden eine junge Frau, deren Schleppe auf dem Gras dahinglitt. Sie blieb neben dem Jüngling stehen und legte ihre seidenweiche Hand auf seinen Kopf. Er schaute sie an mit dem Blick eines Schläfers, den ein Sonnenstrahl geweckt hat, und sah die Tochter des Emirs vor sich stehen. Da kniete er nieder wie Moses, als er den brennenden Dornbusch vor sich sah. Vor Erregung konnte er nicht sprechen, aber seine tränenfeuchten Augen ersetzten die Sprache.

Die Prinzessin küßte seine Lippen und seine vom Tau der Tränen benetzten Augen. Dann sagte sie mit einer Stimme, die süßer klang als das Lied einer Flöte:

«Ich sah dich in meinen Träumen, Geliebter, und dein Gesicht erschien mir in meiner Abgeschiedenheit. Du bist der Begleiter meiner Seele, den ich verlor, meine bessere Hälfte, von der ich getrennt wurde, als man mich dazu verurteilte, in diese Welt zu kommen. Mein Geliebter, ich komme insgeheim zu dir, um dich zu treffen. Nun bist du in meinen Armen. Hab keine Angst! Ich habe meinen Vater verlassen, um dir zu folgen bis an die Grenzen dieser Erde. Mit dir werde ich den Kelch des Lebens und des Todes trinken. Steh auf, laß uns zum entlegenen Wald gehen, der weit entfernt ist von den Menschen!»

Die beiden Liebenden gingen durch den Wald, und der Vorhang der Nacht verbarg sie vor den Augen der Menschen. Sie hatten keine Angst – weder vor einer Verfolgung durch den Prinzen noch vor den Geistern der Nacht.

Die Späher des Emirs fanden später an der Grenze des Landes zwei Leichen, von denen eine eine goldene Kette am Halse trug. In ihrer Nähe lag ein Stein, auf dem diese Worte geschrieben waren:

«Die Liebe hat uns geeint. Wer kann uns trennen?

Der Tod hat uns genommen. Wer kann uns zurückbringen?»

In der Stadt der Toten

Gestern entzog ich mich dem Lärm der Stadt und wan-
derte hinaus durch die stillen Fluren, bis ich einen Hügel
erreichte, den die Natur mit dem schönsten Gewand geschmückt hatte. Dort hielt ich an und blickte auf die Stadt
mit ihren hochragenden Gebäuden und prächtigen Palästen unter einer dichten Wolke von Rauch, der aus den Fabriken kam.
Ich setzte mich hin, und aus der Entfernung dachte ich
nach über das Tun des Menschen. Ich kam zu dem Ergebnis, daß Mühen und Plagen den größten Teil seines Lebens ausmachten. Dann wandte ich meine Gedanken
vom Menschen ab und richtete meinen Blick auf die Felder, dem Throne Gottes. In der Ferne entdeckte ich einen
kleinen Friedhof mit Marmorgräbern, der von Zypressen
umgeben war.
Da saß ich nun zwischen der Stadt der Lebenden und der
Stadt der Toten und machte mir Gedanken über das rast-
lose Tun und den ständigen Kampf in der einen und über
die ungestörte Ruhe in der anderen Stadt. Auf einer Seite
Hoffnung und Verzweiflung, Liebe und Haß, Reichtum
und Armut, Glaube und Ablehnung, auf der anderen
Seite Staub im Staub. Und die Natur macht das Verborgene sichtbar. Im Schweigen der Nacht verwandelt sie es
in Pflanzen, dann in Tiere.
Während ich noch darüber nachdachte, erblickte ich
eine Menschenmenge, die sich gemessenen Schrittes vor-
wärtsbewegte. Vor ihnen zog eine Musikkapelle, die die
Atmosphäre mit getragener Musik erfüllte. Ihr folgten

die Mächtigen und Angesehenen der Stadt. Offenbar die Beerdigung eines Reichen. Dem Sarg des Toten folgten die Lebenden weinend und klagend.

Die Prozession erreichte die Grabstätte. Die Priester traten hervor und beteten, indem sie ihre Weihrauchfässer schwenkten. Die Musiker standen abseits und bliesen in ihre Hörner. Dann traten die Grabredner vor und hielten Trauerreden. Zuletzt huldigten die Dichter dem Verstorbenen mit wohlgesetzten Worten. Alles vollzog sich ruhig und würdevoll. Nach einer Weile entfernte sich die Menge von dem Grab, dem sich die Totengräber näherten. Um die Grabstätte herum lagen prachtvolle Blumenkränze, die geschickte Hände angefertigt hatten.

Die Menschen kehrten zur Stadt zurück, und ich betrachtete sie nachdenklich aus der Ferne. Die Sonne näherte sich dem Untergang, und die Schatten der Felsen und Bäume wurden länger. Die Natur war damit beschäftigt, ihr Kleid aus Licht abzulegen.

In diesem Augenblick sah ich zwei Männer, die einen Holzsarg trugen. Hinter ihnen ging eine Frau in einem abgetragenen Kleid, die einen Säugling auf ihrer Schulter trug. Neben ihnen lief ein Hund her, der mal auf sie, mal auf den Sarg schaute. Das war das Begräbnis eines Armen. Ihm folgten eine Frau, die Tränen der Trauer vergießt, ein Kind, das weint, weil seine Mutter weint, und ein treuer Hund, der verzweifelt neben ihnen läuft.

Sie erreichten die Grabstätte und versenkten den Sarg in eine kleine Grube in einer entlegenen Ecke des Friedhofs – weit entfernt von den prächtigen Marmorgräbern. Dann gingen sie still zurück. Der Hund schaute noch ab und zu zum Platz, wo man seinen Freund zurückgelassen hatte, bis sie hinter Bäumen verschwanden.

Ich betrachtete die Stadt der Lebenden und sagte mir: «Diese ist für die Reichen und Mächtigen!»

Dann schaute ich auf die Stadt der Toten und dachte:
«Auch jene ist für die Reichen und Mächtigen!
Wo ist die Heimat der Armen und Schwachen, o Herr?»
Während ich diese Frage stellte, blickte ich auf die Wolken
am Himmel, deren Ränder von den Strahlen der Sonne
golden gefärbt waren, und ich hörte eine Stimme in mei-
nem Innern antworten:
«Dort!»

Eines Dichters Tod ist sein Leben

Die Flügel der Nacht legten ihre Schatten auf die Stadt, und der Schnee hüllte sie in ein weißes Gewand. Die Menschen flohen von den Straßen und Plätzen in ihre Nester. Ein Sturm erhob sich und fegte durch die Stadt. Erst an den marmornen Gräbern des Friedhofs hielt er an und stimmte eine Totenklage an.

Am Rande dieser Stadt stand ein ärmliches Haus, auf dessen zerfallenen Mauern eine dicke Schneeschicht lastete, so daß sie einzustürzen drohten. Drinnen in einer Ecke lag auf einem schäbigen Bett ein Sterbender, der das schwache Licht einer Öllampe betrachtete, das mit der Finsternis kämpfte und sie besiegte. Der Sterbende war im Frühling seines Lebens. Er wußte von der kurzen Frist, die ihm bis zur Befreiung aus den Fesseln des Lebens blieb, und er erwartete sein Schicksal. Auf seinem blassen Gesicht lag ein Schimmer der Hoffnung, auf seinen Lippen ein trauriges Lächeln.

Dieser Jüngling war ein Dichter. Er war in die Welt gekommen, um das Herz der Menschen durch seine Worte zu erfreuen. Nun starb er vor Hunger in der Stadt der Reichen. Er war eine edle Seele, ausgesandt von der Güte Gottes, um das Leben der Menschen zu verschönern, und er nahm Abschied von unserer Welt, bevor ihre Bewohner ihn beachtet und ihm ein Lächeln geschenkt hatten. Während er seine letzten Atemzüge tat, war niemand bei ihm außer der Öllampe, der treuen Begleiterin seiner Einsamkeit, und einigen Seiten Papier, auf denen er die Eingebungen seines Geistes festgehalten hatte.

Der Jüngling sammelte den Rest seiner schwindenden Kräfte, erhob seine Hände zum Himmel und wandte seine welken Augenlider nach oben, als ob er mit seinen letzten Blicken das Dach seiner ärmlichen Hütte durchdringen wollte, um die Sterne hinter den Wolken zu sehen. Dann sagte er:

«Komm, schöner Tod, meine Seele sehnt sich nach dir! Komm und löse die Bande der Materie. Ich bin es leid, sie mit mir herumzutragen. Komm, süßer Tod, und rette mich vor den Menschen, die mich als Fremdling behandeln, weil ich das, was ich von den Engeln hörte, in eine menschliche Sprache übersetzte. Eile zu mir, Tod, denn die Menschen haben mich verlassen und mich ausgestoßen in eine Ecke des Vergessens, weil ich nicht wie sie nach Geld strebe und mich nicht der Menschen bediene, die schwächer sind als ich. Komm, süßer Tod, und hole mich zu dir, denn die Kinder dieser Erde brauchen mich nicht. Drücke mich an dein liebevolles Herz, und küsse meine Lippen, die weder den Kuß meiner Mutter kosteten noch den einer Geliebten und die nicht das Gesicht einer Schwester berührten. Eile zu mir, und küsse du mich, geliebter Tod!»

In diesem Augenblick erschien neben dem Bett des sterbenden Jünglings eine schöne Frau, welche die Schönheit aller menschlichen Frauen in den Schatten stellte. Sie trug ein Gewand, so weiß wie der Schnee, und in ihrer Hand hielt sie einen Kranz aus Lilien, der auf himmlischen Feldern gewachsen war. Dann näherte sie sich dem Jüngling, küßte seine Lippen zärtlich und hinterließ auf ihnen ein zufriedenes Lächeln.

Da wurde die Hütte leer, und die einzigen Spuren seiner Existenz auf Erden waren einige beschriebene Blätter, die verstreut in einer Ecke lagen.

Epochen vergingen, und die Bewohner dieser Stadt waren

versunken in einen Winterschlaf des Unwissens. Als sie schließlich wach wurden und das Morgenrot der Erkenntnis erblickten, errichteten sie für den Dichter in der Mitte des Marktplatzes eine große Statue, und jedes Jahr feierten sie ihm zu Ehren ein Fest... Wie unwissend ist der Mensch!

Die Meerjungfrauen

In den Tiefen des Meeres, das die Inseln umgibt, die in der Nähe des Sonnenaufgangs liegen, dort in den Tiefen, wo es viele Perlen gibt, lag die Leiche eines Jünglings. Die Meerjungfrauen mit ihren goldenen Haaren hatten sich um sie versammelt. Sie saßen zwischen den Korallenpflanzen und betrachteten mit ihren schönen blauen Augen den leblosen Jüngling, während sie sich mit ihren wohlklingenden Stimmen unterhielten. Die Tiefen des Meeres vernahmen diese Unterhaltung, und die Wellen brachten sie an die Küste, von wo aus eine leichte Brise sie an mein Ohr trug:

Eine der Meerjungfrauen sagte:

«Das ist ein Mensch, der gestern ertrank, als das Meer wütete.»

Die zweite sagte:

«Nicht das Meer wütete, sondern der Mensch. Diese Menschen, die vorgeben, von den Göttern abzustammen, führten untereinander Krieg. Sie vergossen ihr Blut, bis die Farbe des Meeres purpurrot war. Und dieser Jüngling hier ist ein Opfer des Krieges.»

Die dritte sprach:

«Ich weiß nicht, was das bedeutet, Krieg! Ich weiß nur, daß die Menschen, nachdem sie sich das Festland untertan gemacht hatten, auch nach der Herrschaft über das Meer trachteten. Sie erfanden ungewöhnliche Fahrzeuge, mit denen sie die Meere durchquerten. Neptun sah das, und er wurde zornig über die Verletzung seiner Hoheit. Da wußte der Mensch keinen anderen Ausweg, als unseren

König zu besänftigen durch Opfer und Geschenke. Dieser Leichnam, den wir vor uns sehen, ist das letzte Menschenopfer an den großen Neptun.»

Die vierte sagte:

«Wie mächtig ist Neptun, und wie grausam ist sein Herz! Wenn ich über die Meere herrschen würde, nähme ich keine Menschenopfer an. Kommt, laßt uns die Leiche dieses Jünglings näher betrachten! Vielleicht lehrt sie uns etwas über die Rasse der Menschen.»

Die Meerjungfrauen näherten sich dem leblosen Jüngling, untersuchten die Taschen seiner Kleidung und entdeckten in einer Tasche in der Nähe seines Herzens einen Brief. Eine von ihnen nahm ihn und las:

«Mein Geliebter,

Mitternacht ist vorbei, und ich finde immer noch keinen Schlaf. Meine einzige Gesellschaft sind meine Tränen, und mein einziger Trost ist die Hoffnung auf deine Rückkehr zu mir aus den Krallen des Krieges. Ich denke immer an die Worte, die du mir beim Abschied gesagt hast, daß jedem Menschen ein Guthaben an Tränen anvertraut wurde, das er eines Tages zurückerstatten muß.

Ich weiß nicht, was ich dir schreiben soll, Geliebter. Meine Seele wird sich auf dieses Blatt verströmen, meine Seele, die der Trennungsschmerz quält, die aber getröstet wird von der Liebe, die Leid in Freude verwandelt und Kummer in Glück. Als die Liebe unsere Herzen verband und wir darauf warteten, unsere Körper zu vereinigen, damit in ihnen ein Geist wohne, da rief dich der Krieg, und du folgtest dem Ruf aus Pflichtgefühl gegenüber deinem Vaterland.

Doch, was ist das für eine Pflicht, die Liebende trennt, die Frauen zu Witwen macht und Kinder zu Waisen? Und was ist das für ein Vaterland, das wegen eines geringfügigen Anlasses einen Krieg erklärt und sich und andere Länder der Verwüstung preisgibt? Was ist das für eine Pflicht, die dem armen Bauern auferlegt wird, während der Mächtige und Adelige sich ihr entzieht?

Wenn es Pflicht ist, den Frieden zwischen den Völkern aufs Spiel zu setzen, und wenn es patriotisch ist, das Leben der Bewohner zu gefährden, dann zum Teufel mit der Pflicht und mit der Vaterlandsliebe! . . .

Nein, Geliebter, achte nicht auf meine Worte. Sei tapfer, und verteidige dein Vaterland! Hör nicht auf die Worte einer Frau, die von der Liebe geblendet und vom Trennungsschmerz verwundet wurde . . . Wenn die Liebe dich mir nicht zurückbringt in diesem Leben, dann bringt sie mich im kommenden Leben zu dir . . .»

Die Meerjungfrauen legten den Brief an seinen Platz zurück und schwammen schweigend weiter. Als sie sich ein wenig entfernt hatten, sagte eine von ihnen:

«Wahrlich, das Herz des Menschen ist noch grausamer als das Herz Neptuns!»

Die Seele

Der Gott der Götter nahm einen Teil von sich selber und schuf daraus die Schönheit.

Er gab ihr die Zärtlichkeit der Morgenbrise, den Wohlgeruch der Feldblumen und die Sanftheit des Mondlichts.

Dann reichte er ihr den Kelch der Freude und sprach: «Trink erst daraus, wenn du die Vergangenheit vergessen hast und die Zukunft nicht beachtest!»

Und als er ihr den Kelch der Trauer reichte, sagte er: «Wenn du davon trinkst, gelangst du zum Wesen der Freude!»

Und er schenkte ihr die Liebe, die sie mit dem ersten Seufzer der Befriedigung verläßt – und die Anmut, die sich mit dem ersten gesprochenen Wort entfernt.

Er stattete sie aus mit dem Wissen vom Himmel, das sie auf den Weg der Wahrheit führt, und mit Einfühlungsvermögen, damit sie sieht, was das Auge nicht zu sehen vermag.

Auch mit der Fähigkeit der Zuneigung und der Vision betraute er sie.

Dann legte er ihr das Gewand der Sehnsucht an, das die Engel aus den Bahnen des Regenbogens gewebt hatten.

Schließlich schuf er in ihr die Dunkelheit der Verwirrung, den Schatten des Lichtes.

Und Gott nahm Feuer aus den Schmelzöfen des Zornes, Wind aus den Wüsten der Unwissenheit, Sand von den Küsten des Meeres der Eigenliebe und Staub von den Fußsohlen der Zeit, und er schuf daraus den Menschen.

Er gab ihm eine geheimnisvolle Kraft, die im Wahnsinn

entbrennt und sich im Verlangen verzehrt. Dann hauchte er das Leben in ihn ein, und das Leben ist der Schatten des Todes.

Und Gott lächelte und weinte. Er empfand eine Liebe, die weder Grenzen noch Hindernisse kennt. Und er vereinte den Menschen mit seiner Seele.

Ein Lächeln und eine Träne

Die Sonne raffte ihre Schleppe von den blühenden Gärten, und am Horizont erschien der Mond, der ein sanftes
Licht auf sie warf. Ich saß unter einem Baum und betrachtete den Wechsel der Atmosphäre. Durch die Zweige sah
ich die Sterne glänzen, die wie verstreute Silbermünzen
auf einem blauen Teppich aussahen. Von ferne hörte
ich die Bäche im Tale rauschen. Als die Vögel auf den
blühenden Zweigen zu zwitschern aufhörten, die Blumen ihre Augenlider schlossen und tiefes Schweigen
herrschte, da vernahm ich leichte Schritte auf dem Rasen.
Ich sah einen Jüngling und ein junges Mädchen, die sich
mir näherten. Sie setzten sich unter einen blühenden
Baum, und ich konnte sie beobachten, ohne von ihnen gesehen zu werden.
Nachdem der Jüngling sich umgeschaut hatte, hörte ich
ihn sagen:
«Setz dich näher zu mir, meine Geliebte, und hör mir zu!
Lächle mich an, denn dein Lächeln ist das Symbol unserer
Zukunft. Freue dich, denn die Tage sind uns freundlich
gesonnen. Meine Seele hat mir vom Zweifel berichtet,
der noch in deinem Herzen wohnt. Doch der Zweifel an
der Liebe ist ein Vergehen, meine Geliebte. Bald wirst du
die Herrin dieser Fluren sein, die der silberne Mond erhellt. Du wirst die Herrin meines Schlosses sein, das alle
Königsschlösser an Reichtum übertrifft. Du wirst auf
meinen edlen Rossen ausreiten, und meine prächtigen
Karossen bringen dich zu Tanzplätzen und Vergnü-
gungsstätten.

Lächle mich an, meine Geliebte, wie mich das Gold in meinen Schatztruhen anlächelt! Blicke mich an, wie mich die Juwelen meines Vaters anblicken. Hör mir zu, meine Geliebte, denn mein Herz möchte keine Geheimnisse vor dir haben: Vor uns liegt ein Jahr der Flitterwochen, ein Jahr, das wir – mit viel Gold ausgestattet – an den Seen der Schweiz, in den Gärten Italiens, in der Umgebung der Schlösser des Nils und unter den Zweigen der Zedern des Libanon verbringen werden. Du wirst Prinzessinnen und hochgestellte Damen treffen, die dich um deinen Schmuck und deine Kleider beneiden werden. Alles das erhältst du von mir! Bist du damit zufrieden? Wie schön dein Lächeln ist. Dein Lächeln zeigt mir die Gunst meines Schicksals.»

Kurz darauf sah ich sie langsam weitergehen. Unter ihren Schritten zertraten sie die Blumen des Feldes mit ihren Füßen, so wie der Reiche das Herz des Armen zertritt.

Während sie sich aus meinen Blicken entfernten, dachte ich über den Einfluß des Geldes auf die Liebe nach. Ich sagte mir, daß das Geld der Ursprung des Bösen im Menschen und daß die Liebe die Quelle der Glückseligkeit und des Lichtes ist.

Ich war noch in meinen Überlegungen vertieft, als ich zwei Gestalten bemerkte, die an mir vorübergingen und sich auf den Rasen setzten. Sie waren aus der Richtung der Felder gekommen, wo die Hütten der Bauern standen. Nach einer Weile ergriffenen Schweigens hörte ich den Jüngling unter Seufzern sagen:

«Weine nicht, meine Geliebte, denn die Liebe, die uns die Augen geöffnet hat und uns zu ihren Anhängern machte, wird uns die Gnade der Geduld und Standhaftigkeit schenken. Halt deine Tränen zurück und sei getrost, denn wir haben uns verbündet im Glauben an die Liebe. Um dieser Liebe willen ertragen wir die Demütigungen der

Armut, die Bitterkeit der Entbehrungen und die Qualen der Trennung. Ich werde kämpfen, bis ich den Sieg davontrage und eine Beute erlange, die es wert ist, sie in deine Hände zu legen, so daß wir leben können, ohne Not zu leiden. Meine Geliebte, die Liebe, die Gott ist, empfängt unsere Seufzer und Tränen wie duftenden Weihrauch, und sie wird uns dafür belohnen mit einem Schicksal, das wir verdienen. Ich muß gehen, bevor der Mond untergeht. Auf Wiedersehen, meine Geliebte!»

Dann hörte ich eine zarte, von Seufzern unterbrochene Stimme, die zugleich die Leidenschaft der Liebe, die Bitterkeit der Trennung und die Stärke der Ausdauer enthält, sagen:

«Auf Wiedersehen, mein Geliebter!»

Darauf trennten sich die beiden Liebenden, während ich unter den Zweigen meines Baumes verharrte, voller Mitleid mit ihnen und Verwunderung über die Geheimnisse unseres Seins. Ich betrachtete lange die schlafende Natur und sann über sie nach. Und ich entdeckte in ihr etwas, das keine Grenzen und kein Ende hat, etwas, das man nicht mit Geld kaufen kann, etwas, das weder die Tränen des Herbstes noch die Trauer des Winters auszulöschen vermögen, etwas, das man an den Seen der Schweiz und in den Gärten Italiens nicht findet. Ich entdeckte etwas, das im Frühling geduldig ausharrt und im Sommer Frucht bringt: ich entdeckte in ihr die Liebe.

Das menschliche Herz

Inmitten eines fruchtbaren Feldes, am Ufer eines kristall-
klaren Baches sah ich einen Vogelkäfig, der von einer ge-
schickten Hand angefertigt war. In einer Ecke des Käfigs
lag ein toter Vogel, und in einer anderen Ecke standen ein
leerer Wasserbehälter und ein Behälter ohne Körner.

Ich blieb stehen und lauschte ehrfürchtig, als ob der tote
Vogel und das Rauschen des Baches eine verborgene
Lehre enthielten, die ich zu entschlüsseln hätte. Ich sah,
daß dieser arme Vogel neben einem wasserreichen Bach
verdurstet und daß er inmitten eines reichen Feldes, der
Wiege des Lebens, verhungert war, so wie ein Reicher,
hinter dem die Türen seines Tresors zugefallen sind, inmitten seines Goldes stirbt.

Nach einer Weile sah ich, wie sich der Käfig in ein
menschliches Skelett verwandelte und der tote Vogel in
ein menschliches Herz, das eine tiefe Wunde hatte, aus der
scharlachrotes Blut floß; diese Wunde glich den Lippen
einer traurigen Frau.

Auf einmal hörte ich eine Stimme aus der blutenden
Wunde sagen:

«Ich bin das menschliche Herz, ein Gefangener der Materie und ein Opfer der Gesetze der Menschen. Inmitten des
Feldes der Schönheit und am Ufer der Quellen des Lebens
bin ich gefangen im Käfig der Gesetze, die der Mensch geschaffen hat. In der Wiege der Schönheit der Schöpfung
und in den Armen der Liebe starb ich vernachlässigt, denn
die Früchte jener Schönheit und der Ertrag dieser Liebe
waren mir verwehrt. Alles, was ich leidenschaftlich be-

gehrte, war nach Meinung der Menschen Schande, und alles, wonach ich mich sehnte, war nach ihrem Urteil eine Schmach.

Ich bin das menschliche Herz, eingesperrt im Dunkel der Gesetze der Gemeinschaft, so daß ich schwach und kraftlos wurde, gefesselt in den Ketten der Verleumdung, bis ich dem Tode nahe war und unbeachtet liegengelassen in den Winkeln der Verlockungen menschlicher Zivilisation, bis ich starb. Und die Zunge der Menschheit schwieg, ihre Augen blieben trocken, und sie lachte.»

Ich hörte diese Worte, die zusammen mit den Blutstropfen aus dem verletzten Herzen hervorströmten. Danach sah und hörte ich nichts mehr, und ich kehrte in meine Wirklichkeit zurück.

Die Schönheit

«Die Schönheit ist die Religion der Weisen.»
(Indischer Dichter)

Ihr, die ihr angesichts der mannigfachen Religionen verwirrt seid und ratlos umherirrt in den Tälern der unterschiedlichen Glaubensrichtungen, die ihr die Freiheit des
Unglaubens den Fesseln der Unterwerfung vorzieht und
die Schauplätze der Ablehnung anziehender findet als die
Hochburgen des Gehorsams, erwählt die Schönheit als
eure Religion!

Betet den Gott an, der sich in der Vollkommenheit der
sichtbaren Schöpfung offenbart, ebenso wie in den Früch-
ten des Geistes. Macht die Frömmigkeit zum Lebensin-
halt. Bringt eure Liebe zum Besitz in Einklang mit dem
Eifer für die Errungenschaften des Geistes. Glaubt an die
Göttlichkeit der Schönheit. Dann ist der Beginn eurer
Zustimmung zum Leben die Quelle eurer Liebe und eures
Glückes. Kehrt um zu ihm, der eure Herzen dem Throne
der Frau näherbringt, dem Spiegel eurer Kultstätten und
Erzieher eurer Seelen im Bereich der Natur, welche die
Heimat eures Lebens ist.

Ihr, die ihr verloren seid in Nächten der Gerüchte und
versunken in Abgründe von Irrtümern, wisset, daß es in
der Schönheit eine Wahrheit gibt, die alle Unwissenheit
verbannt und jeden Zweifel verbietet, und sie enthält
Licht, das euch vor der Finsternis des Falschen schützt.

Betrachtet das Erwachen des Frühlings und das Erscheinen der Morgenröte! Die Schönheit offenbart sich denjenigen, die betrachten. Lauscht dem Lied der Vögel, dem
Rascheln der Zweige und dem Rauschen der Flüsse, denn
die Schönheit offenbart sich denjenigen, die lauschen.

Meditiert die Unschuld des Kindes, die Anmut der Jugend, die Kraft des Erwachsenen und die Weisheit des Alters! Die Schönheit zeigt sich denjenigen, die meditieren.

Besingt die Narzissen der Augen, die Rosen der Wangen, die Anemonen des Mundes, denn die Schönheit wird im Gesang verherrlicht. Preist die Zweige der Gestalt, die Nacht der Haare, das Elfenbein des Halses, denn die Schönheit erfreut sich am Lobpreis. Weiht den Körper zum Tempel der Schönheit, weiht ihn zum Altar der Liebe. Die Schönheit belohnt ihre Anhänger.

Jubelt, die ihr die Wunder der Schönheit erhalten habt! Freut euch und frohlocket! Ihr sollt euch weder fürchten noch traurig sein.

Die feurigen Buchstaben

Schreibt auf meinen Grabstein: Hier ruhen die
sterblichen Überreste dessen, der
seinen Namen mit Wasser geschrieben hat.

John Keats

Werden die Nächte so an uns vorbeiziehen? Werden sie von den Schritten der Jahrhunderte zermalmt werden? Werden die Epochen uns überrollen? Und wird von uns nichts bleiben als ein Name, der mit Wasser statt mit Tinte geschrieben ist?

Wird dieses Licht verlöschen, diese Liebe vergehen und diese Sehnsucht verebben? Wird der Tod alles vernichten, was wir aufgebaut haben, und der Wind alles zerstreuen, was wir sagten? Wird die Finsternis alles verbergen, was wir taten?

Ist das unser Leben? Ist es eine Vergangenheit, die vorüber ist und deren Spuren verwischt sind? Ist es eine Gegenwart, die wie die Vergangenheit verläuft? Wird alles vergehen, was unserem Herzen Freude machte oder was es betrübte – ohne daß wir den Sinn erfahren?

Wird der Mensch der Gischt des Meeres gleichen, die einen Augenblick an der Oberfläche erscheint; doch sobald ein Sturm aufkommt, fegt er sie weg, und es ist, als hätte sie nie existiert?

Nein, bei meinem Leben, die Wahrheit des Lebens ist das Leben: ein Leben, das nicht im Mutterschoß beginnt und nicht im Grab endet. Seine Jahre sind Augenblicke ohne Anfang und ohne Ende. Dieses Leben in der Welt ist – mit allem, was es enthält – ein Traum. Das Erwachen aus diesem Traum ist der Tod. Alles, was wir in diesem Traum gesehen und getan haben, hat Bestand in Gott.

Der Sephir birgt jedes Lächeln und jeden Seufzer unseres Herzens und jeden Kuß, den die Liebe gebiert. Die Engel

Gottes zählen jede Träne, die wir aus Trauer vergießen. Sie wiederholen in Hörweite der schwebenden Geister des unendlichen Kosmos jedes Lied, das die Freude uns entlockte.

In der zukünftigen Welt werden wir allen Wellenbewegungen unserer Gefühle und jedem Erschauern unseres Herzens wiederbegegnen, und wir werden unsere göttliche Natur erkennen, die wir in unserer Verzagtheit nicht beachtet haben.

Alle Irrtümer, die wir heute als Schwäche abtun, werden uns als Glieder in der Kette unseres Daseins erscheinen, die für die Kontinuität unseres Lebens notwendig waren.

Unsere Mühen, für die wir hier nicht belohnt wurden, werden mit uns überleben und uns zur Ehre gereichen.

Und alle Einschränkungen und Schicksalsschläge, die wir geduldig ertragen haben, werden unseres Ruhmes Krone sein.

Hätte Keats gewußt, daß selbst der Gesang der Nachtigall nicht aufhört, im Herzen der Menschen die Schönheitsliebe zu wecken, so hätte er vielmehr gesagt:

Schreibt auf meinen Grabstein: Hier ruhen die sterblichen Überreste dessen, der seinen Namen mit feurigen Buchstaben in den Himmel geschrieben hat.

Zwischen den Ruinen

Der Mond bedeckte die Gärten der Stadt der Sonne[1] mit einem silbernen Schleier, und allenthalben herrschte Ruhe. Die riesige Ruinenstätte glich einem Koloß, der sich über die gewöhnlichen Nächte mokiert.

In diesem Augenblick tauchten aus dem Nichts zwei Schatten auf – wie eine Luftspiegelung, die sich aus einem blauen See erhebt. Die beiden setzten sich auf eine Marmorsäule, welche die Zeit aus einem der großartigen Gebäude herausgelöst hatte, und sie überließen sich dem Zauber dieses Platzes.

Nach einer Weile hob eine der beiden Silhouetten ihren Kopf und sagte mit einer Stimme, die einem Echo glich, das aus entfernten Tälern kommt:

«Dies sind die Reste der Tempel, die ich für dich erbauen ließ, meine Geliebte, und dort ist der Palast, den ich zu deiner Freude errichten ließ. Alles wurde zerstört, und nichts blieb übrig als diese Spuren, die den Völkern von jener Ehre künden, für die ich mein Leben opferte, um sie zu verbreiten, und von jener Macht, wozu ich die Schwachen benutzte, um sie zu vermehren.

Schau, meine Geliebte, die Elemente der Natur haben die Stadt besiegt, die ich erbauen ließ. Die Generationen schätzten die Weisheit, die ich sah, gering, und das Königreich, das ich gründete, geriet in Vergessenheit. Nichts bleibt mir als ein paar Augenblicke der Liebe, die deine

[1] Baalbek

39

Schönheit ins Leben rief und die Schönheit, die deine Liebe mir schenkte.

In Jerusalem ließ ich einen Tempel für dich erbauen; die Priester weihten ihn, und die Zeit zerstörte ihn. Dann errichtete ich in meinem Innern einen Tempel für die Liebe; Gott weihte ihn, und keine Macht der Welt konnte ihn zerstören.

Ich verbrachte mein Leben damit, mich über die äußeren Erscheinungen der Dinge zu informieren und die Eigenschaften der Materie zu befragen. Und die Menschen sagten: Wie weise ist dieser König! Doch die Engel sprachen: Wie gering ist seine Weisheit!

Dann sah ich dich, meine Geliebte; ich habe dich besungen mit einem Lied der Liebe und der Sehnsucht. Die Engel freuten sich; aber die Menschen nahmen keine Notiz von meinem Gesang...

Die Tage meines Besitzes waren für mich wie ein Hindernis zwischen meiner dürstenden Seele und dem Geist der Schönheit, der in der Schöpfung lebt. Als ich dich sah, erwachte die Liebe in mir und zerstörte alle Schranken. Da bereute ich das Leben, wie ich es bisher verbracht hatte, und zwar in Hoffnungslosigkeit und Mattheit, weil ich glaubte, daß alle Dinge unter der Sonne nichtig sind. Ich legte mir eine Rüstung an und schmiedete einen Schild, und die Stämme fürchteten mich. Doch als die Liebe mich erleuchtete, wurde ich selbst von meinem Volk verachtet. Und als der Tod kam, versenkte er Rüstung und Schild in die Erde und trüg meine Liebe zu Gott.»

Nach einer Weile der Stille sagte der zweite Schatten:

«So wie die Blume ihren Duft und ihr Leben aus der Erde erhält, so empfängt die Seele aus der schwachen, schuldverstrickten Materie Kraft und Weisheit.»

In diesem Moment vereinten sich die beiden Silhouetten

zu einem einzigen Schatten, der sich fortbewegte. Und
der Wind verbreitete folgende Worte:

«Die Ewigkeit bewahrt nur die Liebe, weil sie von glei-
cher Natur ist.»

Vision

(diesen Brief richte ich an die Vicomtesse S. L.
als Antwort auf ihr Schreiben,
das zu empfangen ich die Ehre hatte)

Die Jugend ging vor mir her, und ich folgte ihren Spuren, bis wir ein entferntes Feld erreichten. Dort hielt sie an und betrachtete die wandernden Wolken, die sich wie eine Herde weißer Schafe vom Abendhimmel abhob, so wie die Bäume, die ihre entlaubten Zweige nach oben reckten, als ob sie den Himmel anflehen wollten, ihnen ihren grünen Blätterschmuck zurückzugeben. Da fragte ich: «Wo sind wir, o Jugend?»

Sie antwortete: «Auf dem Feld des Zweifels. Hab acht!»

«Laß uns zurückkehren», bat ich, «denn die Einsamkeit des Ortes flößt mir Angst ein, und der Anblick der wandernden Wolken und der nackten Bäume betrübt meine Seele.»

Sie sagte: «Hab Geduld, denn der Zweifel ist der Beginn der Erkenntnis.»

Ich sah mich um und erblickte eine Nymphe, die wie ein Geist auf uns zukam. Ich rief erstaunt:

«Wer ist das?»

Sie entgegnete: «Das ist Melpomene, die Tochter Jupiters, und die Muse der Tragödie.»

Ich fragte: «Und was will die Tragödie von mir, während du, fröhliche Jugend an meiner Seite bist.»

Sie sagte: «Sie kam, um dir die Erde und ihre Sorgen zu zeigen, denn wer die Trauer nicht sieht, kann auch die Freude nicht kennen.»

Die Nymphe legte ihre Hände auf meine Augen, und als sie sie wieder wegnahm, sah ich mich getrennt von meiner Jugend und entblößt vom Gewand der Materie. Ich fragte:

«Wo ist die Jugend, Tochter der Götter?»

Sie antwortete mir nicht; statt dessen umhüllte sie mich mit ihren Flügeln und flog mit mir auf den Gipfel eines hohen Berges. Da sah ich die Erde und alles, was sie enthält, wie eine Buchseite vor mir ausgebreitet, und die Geheimnisse ihrer Bewohner standen wie geschriebene Zeilen vor meinen Augen. Ich blieb ehrfurchtsvoll neben der Nymphe stehen, las die Geheimnisse der Menschen und suchte die Rätsel des Lebens zu deuten. Ich sah, und ich hätte gewünscht, nicht gesehen zu haben. Ich sah die Engel der Glückseligkeit mit den Teufeln des Unglücks kämpfen, und der Mensch befand sich zwischen beiden, bald zur Hoffnung, bald zur Verzweiflung neigend. Ich sah die Liebe und den Haß mit dem Herzen des Menschen spielen: Diese verhüllte seine Schuld, machte ihn trunken vom Wein der Hingabe und löste seine Zunge zum Lob und Preis, jene erregte seine Begierden, machte ihn blind für die Wahrheit und verschloß seine Ohren vor gerechter Rede. Ich sah die Stadt wie ein Straßenmädchen sich am Rockzipfel des Menschen anklammern. Dann sah ich in der Ferne die weite Wüste über den Menschen weinen.

Ich sah die Priester schlau und heuchlerisch wie Füchse und die falschen Propheten, welche die Neigungen der Seele durch Schmeicheleien überlisten. Der Mensch rief die Weisheit um ihren Beistand an, doch die Weisheit floh, verärgert darüber, daß er nicht auf sie gehört hatte, als sie ihn auf der Straße in aller Öffentlichkeit gerufen hatte. Ich sah die Mönche ihre Augen vielmals zum Himmel erheben, während ihre Herzen in den Gräbern der Begierde weilten. Ich hörte Jugendliche munter über die Liebe reden, während sie sich ihr in sorgloser Hoffnung näherten, doch ihre Göttlichkeit ist weit entrückt, und ihre Gefühle schlafen. Ich sah die Gesetzgeber Handel treiben mit wortreichem Gerede auf dem Markt des Betrugs und der Heuchelei; und die Mediziner sah ich das Vertrauen der Unwissenden ausnutzen. Ich sah den Ignoranten neben dem Weisen sitzen; wie er seine Vergangenheit auf den Thron der Erde hebt, seine Gegenwart sorgfältig bettet und seiner Zukunft ein komfortables Lager bereitet. Ich sah die Armen säen, während die Reichen ernteten und aßen. Die Ungerechtigkeit stand daneben, und die Menschen hielten sie für das Gesetz.

Ich sah den Dieb der Nacht den Tresor der Vernunft stehlen, während die Wächter des Lichts daneben schliefen. Ich sah die Frau als Laute in der Hand eines Mannes, der nicht auf ihr zu spielen versteht, und die Töne, die er ihr entlockt, mißfallen ihm. Ich sah Phalangisten die Stadt der Edlen belagern, und ich sah Bataillone im Rückzug, weil sie zu klein sind und nicht zusammenhalten. Ich sah die Freiheit einsam durch die Straßen gehen und an den Türen um Einlaß bitten, doch die Menschen verweigerten ihr den Eintritt. Dann sah ich die Selbstsucht in großer Prozession durch die Straßen schreiten, die Menschen folgten ihr und priesen sie als Freiheit.

Ich sah die Religion in Büchern begraben, und die Illusion nahm ihren Platz ein. Ich sah den Menschen die Geduld als Feigheit beschimpfen, die Ausdauer als Unentschlossenheit und die Freundlichkeit als Furcht. Ich sah, wie der Ungeladene während des Banketts Reden hielt, der geladene Gast hingegen schwieg. Ich sah Reichtum in den Händen des Verschwenders als Netz für seine Bosheit und in den Händen des Geizigen als Rechtfertigung seines Menschenhasses. Doch in den Händen des Weisen sah ich kein Geld.

Als ich das alles gesehen hatte, rief ich enttäuscht:

«Ist das wirklich die Erde, Tochter der Götter? Und ist das der Mensch?»

Sie entgegnete ruhig: «Das ist der Weg der Seele, bedeckt

mit Dornen und Kletten. Und das ist der Schatten des Menschen. Es ist die Nacht, und der Morgen wird kommen.»

Dann legte sie ihre Hände auf meine Augen; als sie sie wieder wegnahm, sah ich mich und meine Jugend, wie wir langsam auf dem Feld spazierten. Und die Hoffnung ging vor mir her.

Gestern und heute

Ein reicher Mann ging im Garten seines Palastes spazieren; die Sorge folgte ihm auf den Fersen, und über seinem Kopf flatterte die Unruhe wie Geier über einem Kadaver; so erreichte er einen von Marmorstatuen umgebenen See, der von Menschenhand angelegt worden war. Er setzte sich ans Ufer und betrachtete bald den Wasserstrahl, der aus den Mündern der Statuen hervorsprudelte wie die Gedanken aus der Vorstellung eines Liebhabers – bald blickte er auf sein herrliches Schloß, das auf einem Hügel lag wie ein Muttermal auf der Wange eines Mädchens.

Während er dort saß, leistete ihm die Erinnerung Gesellschaft, und sie breitete vor seinen Augen die Seiten aus, welche die Vergangenheit in den Roman seines Lebens geschrieben hatte.

Seine Tränen verschleierten mehr und mehr den Blick auf das, was der Mensch hier geschaffen hatte, und der Kummer rief in seinem Herzen die Tage zurück, welche die Götter gewebt hatten. Und sein Schmerz floß in seine Worte, als er sagte:

«Gestern hütete ich meine Schafe auf den grünen Hügeln; ich freute mich meines Lebens und brachte mein Glück auf meiner Flöte zum Ausdruck. Heute bin ich ein Gefangener meiner Begierden. Das Geld führte mich zum Wohlstand, der Wohlstand zur Sorge, die Sorge zur Verzweiflung. Gestern war ich wie ein singender Vogel und wie ein schwebender Schmetterling. Keine Brise berührte die Köpfe der Gräser sanfter als meine Schritte das Feld. Nun bin ich ein Gefangener der Gepflogenheiten der

Gesellschaft. Ich kleide mich und verhalte mich, um den Menschen und ihren Moden zu gefallen. Und ich wünschte geboren zu sein, um mich meines Lebens zu erfreuen. Doch der Reichtum zwingt mich, auf den Pfaden der Sorge zu gehen. Ich bin wie ein Kamel, das schwer beladen ist mit Gold und unter dieser Last zugrunde geht.

Wo sind die weiten Ebenen und die rauschenden Bäche? Wo sind die reine Luft und die Pracht der Natur? Wo ist meine Göttlichkeit? All dies habe ich verloren, und statt dessen bleibt mir nichts als das Gold, dem ich nachlaufe und das sich über mich lustig macht, viele Sklaven und wenig Freude und ein Palast, den ich erbaute, während er mein Glück zerstörte.

Gestern begleitete ich die Tochter der Beduinen, und die Unschuld war die Dritte im Bunde. Die Liebe war unsere Vertraute und der Mond unser Wächter. Heute umgeben mich Frauen mit hochaufgerichteten Hälsen, die mit den Augen zwinkern und ihre Schönheit für Halsketten, Ringe und Gürtel verkaufen.

Gestern war ich umgeben von jungen Gespielinnen; wie Gazellen hüpften wir zwischen den Bäumen. Wir erfreuten uns an der Natur und besangen sie. Heute bin ich ein Lamm inmitten von Wölfen.

Auf der Straße richten sich haßerfüllte Blicke auf mich, und neidische Finger zeigen auf mich. Nichts als finstere Gesichter sehe ich und hocherhobene Köpfe.

Gestern war mir das Leben geschenkt und die Schönheit der Natur; heute bin ich dieser Güter beraubt. Gestern war ich reich in meinem Glück, heute bin ich arm trotz meines Reichtums. Gestern war ich bei meinen Schafen ein gütiger Herrscher inmitten seiner Untertanen; heute bin ich dem Geld gegenüber wie ein furchtsamer Sklave vor seinem willkürlichen Herrn.

Ich ahnte nicht, daß das Gold das Auge meiner Seele blenden würde, so daß sie zu einer Grotte der Unwissenheit wird. Und ich wußte nicht, daß das Leben, das die Menschen rühmen, in Wirklichkeit eine Hölle ist.»

Der Reiche erhob sich von seinem Platz und schritt langsam auf seinen Palast zu, während er seufzend fortfuhr: «Ist das Geld der Gott, dessen Priester ich wurde? Ist es das Geld, was wir ein Leben lang suchen, und dann nicht eintauschen können gegen ein Körnchen Leben? Wer kann mir für einen Zentner Gold einen schönen Gedanken verkaufen? Wer kann mir für eine Handvoll Schätze aus meinem Tresor einen Augenblick der Liebe geben? Wer vermag mir für all meinen Reichtum ein Auge zu leihen, das die Schönheit sieht?»

Als er sich dem Tor seines Palastes näherte, drehte er sich um und schaute auf die Stadt, wie Jeremias auf Jerusalem geblickt hatte. Er zeigte auf sie mit seiner Hand, und als ob er eine Totenklage anstimmen wollte, rief er mit lauter Stimme:

«O Volk, das im Dunkeln geht und im Schatten des Todes weilt, o Volk, das dem Unglück nachjagt, die Zeit mit Nichtstun verbringt und in Unwissenheit redet, bis wann wirst du Dornen und Disteln essen und die Früchte und Kräuter wegwerfen? Bis wann willst du auf unwegsamen Plätzen wohnen und den Gärten des Lebens den Rücken kehren? Warum trägst du zerschlissene und abgetragene Kleider, wo doch damaszenische Seidengewänder für dich bereitliegen?

O Volk, die Lampe der Weisheit ist verloschen. Fülle sie mit Öl auf! Der Wegelagerer droht den Weinberg des Glücks zu zerstören. Bewache ihn gut! Der Räuber hat es auf die Schätze deiner Ruhe abgesehen. Hab acht auf sie!»

In diesem Augenblick sah er einen armen Mann vor sich, der um ein Almosen bettelte. Der Reiche sah ihn an, seine

zitternden Lippen wurden entschlossen, seine traurige
Gestalt straffte sich, und seine Augen begannen zu strahlen. Das Gestern, das er am See beklagt hatte, kam heute
zu ihm und grüßte ihn. Er näherte sich dem Bettler und
umarmte ihn mit brüderlichem Kuß. Dann füllte er seine
Hände mit Gold und sagte:
«Nimm dies für heute, mein Bruder! Und morgen komm
mit deinen Freunden zurück, und holt euch, was euch zu-
steht!»
Der Arme lächelte wie eine verwelkte Blume bei der
Rückkehr des Regens. Dann ging er eilig weg. Der Reiche
betrat seinen Palast, indem er sagte:
«Alle Dinge des Lebens sind gut – selbst das Geld –, denn
sie erteilen dem Menschen eine Lehre. Das Geld ist wie
ein Musikinstrument; derjenige, der es nicht zu spielen
versteht, hört nichts als Mißklänge. Und wie bei der
Liebe, so verhält es sich auch mit dem Reichtum: er tötet
denjenigen, der ihn für sich behält, doch demjenigen, der
ihn weitergibt, schenkt er Leben.»

Hab Erbarmen, meine Seele,
hab Erbarmen

Wie lange willst du noch klagen, meine Seele,
und du kennst meine Schwachheit?
Bis wann willst du mich anklagen,
und ich besitze nur menschliche Worte,
um deine Träume auszudrücken.

Bedenke, o Seele,
daß ich mein Leben damit zubrachte,
deinen Worten zu lauschen.
Und du hörst nicht auf, mich zu quälen.
Sieh, wie ich meinen Körper marterte,
um deinen Schritten zu folgen!

Einst war mein Herz mein König,
nun ist es dein Sklave.
Geduld war mein Tröster,
mit dir wurde sie mein Vorwurf.
Die Jugend war mein Begleiter,
nun ist sie mein Tadler.
Was verlangst du noch mehr
von diesen Gaben der Götter?

Ich verleugnete mich,
kehrte den Freuden des Lebens den Rücken,
und hörte auf,
nach Ruhm und Ehre zu streben.
Jetzt bleibt mir nichts außer dir.

Fälle ein gerechtes Urteil über mich
– denn Gerechtigkeit ist dir eigen –,
oder rufe den Tod herbei,
damit er mich befreit aus den Fesseln,
die dein Wesen mir anlegt.

Hab Erbarmen, meine Seele,
du hast mich beladen
mit einer Liebe,
die ich nicht tragen kann.
Du und die Liebe –
ihr seid eine vereinte Kraft,
ich und die Materie hingegen –
eine vereinte Schwäche.
Soll der Kampf
zwischen Stärke und Schwäche
in Ewigkeit andauern?

Hab Erbarmen, meine Seele!
Du zeigtest mir das Glück
aus weiter Entfernung.
Du und das Glück –
ihr thront auf einem hohen Berg,
ich und das Unglück aber –
weilen in einem tiefen Tal.
Werden Höhe und Tiefe
sich einmal begegnen?

Hab Erbarmen, meine Seele!
Du hast mir die Schönheit offenbart
und sie dann vor mir verborgen.
Du und die Schönheit –
ihr seid im Licht,

ich und die Unwissenheit dagegen –
in tiefer Finsternis.
Können Licht und Finsternis
sich miteinander vereinen?

Du, o Seele, freust dich auf das Ende,
bevor es anbricht,
doch dieser Körper leidet am Leben,
während er lebt.

Du eilst auf die Ewigkeit zu,
und dieser Körper nähert sich
schleppend dem Nichts.
Du kennst kein Verweilen,
und er hat keine Eile,
und das ist bedauernswert, meine Seele!

Du strebst nach oben
mit Hilfe der Anziehungskraft des Himmels,
und dieser Körper
zieht mich nach unten
mit der Schwerkraft der Erde.
Weder tröstest du ihn,
noch beglückwünscht er dich.
Das ist Haß, meine Seele!

Du bist reich an Weisheit, meine Seele,
und dieser Körper
ist arm an Einsicht.
Du aber erleichterst ihm nichts,
und so folgt er dir nicht.
Das ist das größte Elend, meine Seele!

In der Stille der Nacht
gehst du zum Geliebten
und erfreust dich
an seinen Küssen und Umarmungen;
dieser Körper aber verzehrt sich
vor Sehnsucht und Trennung.
Hab Erbarmen, meine Seele,
hab Erbarmen!

Die Witwe und ihr Sohn

Die Nacht brach unversehens über den nördlichen Libanon herein und beendete einen Tag, an dem viel Schnee
auf die Dörfer des Wadi Kadischa[1] gefallen war, der die
Felder und Anhöhen in weiße Seiten verwandelt hatte,
auf die der Wind Zeilen schrieb, die ein anderer Windstoß
wieder auslöschte. Der Sturm spielte damit und verband
den erzürnten Himmel und die wütende Natur.

Die Menschen waren in ihre Häuser geflüchtet und die
Tiere in ihre Ställe. Kein Lebewesen blieb draußen, wo
nur die bittere Kälte, der grimmige Frost, die schwarze
Nacht und der schreckliche Tod herrschten.

In einem alleinstehenden Haus in einem dieser Dörfer saß
eine Frau vor dem Ofen und strickte. Neben ihr saß ihr
einziges Kind, das bald ins Feuer und bald auf das ruhige
Gesicht seiner Mutter schaute.

In diesem Augenblick wurde der Sturm so heftig, daß die
Wände des Hauses erzitterten. Der Junge erschrak. Er
rückte näher an seine Mutter heran, um bei ihr Schutz zu
suchen vor dem Zorn der Elemente.

Sie drückte ihn an sich und küßte ihn; dann setzte sie ihn
auf ihren Schoß und sagte:

«Fürchte dich nicht, mein Sohn! Die Natur will den Menschen warnen; sie demonstriert ihm ihre Macht und seine
Ohnmacht, ihre Stärke und seine Schwäche. Fürchte dich
nicht, mein Kind, denn hinter dem fallenden Schnee, den

---

[1] Das «heilige Tal» wird so bezeichnet, weil es ein Zufluchtsort für Ein-
siedler und Mönche war, die sich hierhin zum Gebet zurückzogen.

dunklen Wolken und den heftigen Stürmen ist ein heiliger Geist, der weiß, was die Felder brauchen. Hinter allen Dingen verbirgt sich eine Macht, die mit erbarmungsvollem Blick auf die Niedrigkeit des Menschen schaut.

Fürchte dich nicht, mein Liebling, denn die Natur, die im Frühling lächelt, an einem Sommertag lacht und im Herbst seufzt, will jetzt weinen, und mit ihren kalten Tränen bewässert sie das Leben, das unter der Erde schläft.

Schlaf, mein Sohn, und wenn du morgen erwachst, wird der Himmel heiter sein, die Felder werden das weiße Gewand des Schnees tragen wie die Seele das Gewand der Reinheit am Vorabend ihres Kampfes mit dem Tod.

Schlaf, mein Kind, dein Vater sieht uns jetzt aus der Ewigkeit zu. Mögen der Sturm und der Schnee uns dem Gedenken der unsterblichen Seelen näher bringen!

Schlaf, mein Liebling, die Elemente, die sich nun bekämpfen, werden wunderschöne Blumen hervorbringen, die du im April pflücken wirst. Auch der Mensch, mein Sohn, wird die Liebe erst nach leidvoller Trennung, harten Geduldsproben und bitterer Verzweiflung ernten.

Schlaf, mein Kleiner, süße Träume sollen deinen Geist aufsuchen und dich ablenken von der Furcht vor der Nacht und der Kälte draußen.»

Der Junge blickte seine Mutter mit schläfrigen Augen an und sagte: «Meine Augenlider sind schwer, Mutter, und ich fürchte, daß sie mir zufallen, bevor ich gebetet habe.»

Seine Mutter umarmte ihn liebevoll und betrachtete sein unschuldiges Gesicht durch ihre Tränen. Dann sagte sie: «Sprich mir nach, mein Kind:

Hab Erbarmen, Herr, mit den Armen! Bewahre sie vor der bitteren Kälte, und bedecke ihre nackten Körper mit deinen Händen. Blick gnädig auf die schlafenden Waisen in den Hütten, deren Körper dem kalten Atem des Schnees ausgesetzt sind! Hör auf das Rufen der Witwen, die sich zwischen den Krallen des Todes und der Kälte befinden. Leg deine Hand auf das Herz der Reichen, und öffne ihre Einsicht, damit sie das Elend der Armen sehen.

Hab Erbarmen, Herr, mit den Hungernden und mit denen, die in dieser finsteren Nacht draußen vor den Türen stehen. Lenke die Schritte des Fremden zu einem warmen Unterschlupf, und erbarme dich seines Ausgeschlossenseins. Blick auf die kleinen Vögel, Herr, und behüte mit deiner Rechten die jungen Bäume vor der Härte des Sturmes! So sei es, Herr!»

Und als der Junge eingeschlafen war, legte die Mutter ihn in sein Bett und küßte seine Stirn mit zitternden Lippen. Dann kehrte sie zum Ofen zurück und fuhr fort, für ihn zu stricken. —

Schicksal und Volk

Am Fuße des Libanon-Gebirges saß eine Schäferin an einem Bach, der sich wie ein silberner Faden durch die Felsen hindurchschlängelte. Um sie herum weidete eine Herde abgemagerter Schafe und suchte zwischen Dornen und Disteln nach trockenem Gras. Das Mädchen schaute sinnend in die Abendröte, als ob sie auf den Seiten der Atmosphäre das kommende Schicksal ablesen wollte; und wie Tautropfen auf dem Blütenrand einer Narzisse standen Tränen in ihren Augen. Die Trauer öffnete ihre Lippen, als ob sie beim Seufzen ihr Herz rauben wollte.

Und als der Abend die Hügel mit dem Gewand der Finsternis bedeckt hatte, stand plötzlich ein alter Mann vor dem jungen Mädchen; seine weißen Haare fielen ihm auf Schulter und Brust herab. In seiner rechten Hand hielt er eine scharfe Sichel, und mit einer Stimme, die dem Rauschen des Meeres glich, sagte er:

«Friede sei mit dir, Syrien!»

Das Mädchen stand erschrocken auf und antwortete ihm mit einer Stimme, in der sich Furcht und Kummer mischten:

«Was begehrst du jetzt von mir, Schicksal?»

Dann wies sie auf ihre Schafe hin und fuhr fort:

«Dies ist der Rest einer Herde, die einst diese Täler füllte. Das ist alles, was deine Begehrlichkeit mir übrigließ. Bist du gekommen, um noch mehr von mir zu verlangen? Sieh die Weideplätze, die unter deinen Schritten unfruchtbar zurückblieben; einst waren sie ein Ort der Fruchtbarkeit und des Überflusses. Meine Schafe, wohlgefüttert mit Frühlingsblumen, gaben reichlich süße Milch; nun sind ihre Mägen leer, und sie nagen an Disteln und Baumwurzeln aus Angst davor, zu verhungern.

Fürchte Gott, Schicksal, und entferne dich von mir, denn die Erinnerung an deine Unterdrückung ließ mich das Leben hassen und die Grausamkeit deiner Sichel ließ mich den Tod lieben.

Laß mich allein. In meiner Einsamkeit werde ich meine Tränen wie Wein schlürfen, und ich werde die Traurigkeit wie eine frische Brise einatmen. Du aber, Schicksal, mach dich auf in den Westen, wo die Menschen die Hochzeit ihres Lebens feiern, während ich auf der Trauerfeier klage, die du mir beschieden hast.»

Der Greis schaute auf sie wie ein Vater auf seine Tochter, und indem er seine Sichel in den Falten seines Gewandes verbarg, sagte er:

«Ich habe nichts von dir genommen, Syrien, als einige von meinen Gaben. Ich war kein Räuber, sondern ich lieh mir nur aus, was ich dir zurückgeben werde. Wisse, daß deine Schwestern, die anderen Völker und Nationen, einen rechtmäßigen Anteil haben an der Ehre, die deine Sklavin war. Und sie haben ein Recht darauf, ein Gewand zu tragen, das dir gehörte. Ich und die Gerechtigkeit, wir sind zwei in einem Wesen. Es widerstrebt mir, daß ich deinen Schwestern etwas vorenthalte, was ich dir gegeben habe. Aber ich kann euch nicht den gleichen Anteil meiner Liebe schenken, denn die Liebe läßt sich nicht auf diese Weise aufteilen. Deine Nachbarinnen Ägypten, Griechenland und Persien haben alle eine Herde, die der deinen gleicht, und ein Weideland wie das deine. Und was du als Niedergang bezeichnest, ist in meinen Augen ein notwendiger Schlummer, auf den erneut Eifer und Aktion folgen werden. Denn die Blumen erscheinen dem Leben erst nach ihrem Tod, und die Liebe wird erst groß nach der Trennung.»

58

Der Alte näherte sich dem Mädchen, reichte ihm die Hand und sagte:

«Nimm meine Hand, Tochter der Propheten!»

Sie nahm seine Hand, und während sie ihn durch ihre Tränen anblickte, sagte sie:

«Auf Wiedersehen, Schicksal!»

Er antwortete ihr:

«Auf Wiedersehen, Syrien, auf Wiedersehen!»

Darauf verschwand der Alte blitzartig. Das junge Mädchen rief ihre Schafe zusammen und entfernte sich, indem sie flüsternd wiederholte:

«Wird es ein Wiedersehen geben? Wird es ein Wiedersehen geben?»

Vor dem Thron der Schönheit

Ich floh vor der Menschenmenge in ein weites Tal; bald folgte ich wandernd dem Lauf des Flusses, bald lauschte ich der Unterhaltung der Vögel, bis ich einen Platz erreichte, wo mich dichtes Gezweig vor den Blicken der Sonne schützte. Dort ließ ich mich nieder, plauderte mit meiner Einsamkeit und hielt Zwiesprache mit meiner Seele, einer dürstenden Seele, für die alles Sichtbare wie eine Luftspiegelung ist und alles Unsichtbare wie ein labender Trunk.

Und als mein Geist dem Gefängnis der Materie entflohen war, blickte ich mich um und sah ein Mädchen neben mir stehen. Es war eine Nymphe, die weder Gewand noch Schmuck trug, nur einen Zweig aus Weinreben, womit sie einen Teil ihres Körpers verbarg, und einen Kranz aus Anemonen, der ihre goldenen Haare zusammenhielt. Als sie mein Erstaunen und meine Verwirrung in meinen Blicken las, sagte sie:

«Ich bin die Tochter des Waldes. Hab keine Angst!»

Nachdem die Sanftheit ihrer Stimme mir Vertrauen eingeflößt hatte, fragte ich:

«Können Wesen wie du an einem Ort wohnen, wo Wildnis herrscht und wilde Tiere leben? Sag mir bei deinem Leben, wer bist du und woher kommst du?»

Sie setzte sich ins Gras und sagte:

«Ich bin ein Symbol der Natur. Ich bin die Jungfrau, die deine Vorfahren anbeteten und für die sie Altäre und Tempel in Baalbek, Afqa und Byblos errichteten.»

«Diese Tempel sind zerstört», sagte ich, «und die Gebeine

meiner Vorfahren wurden zu Staub; von ihren Göttern und ihrer Religion bleibt nichts übrig außer einigen Seiten im Innern einiger Bücher.»

Sie antwortete: «Viele dieser Götter lebten im Leben ihrer Anbeter, und sie starben mit ihrem Tod. Doch es gibt andere, die als ewige himmlische Gottheiten leben. Meine Göttlichkeit lebt aus der Schönheit der Natur, die du überall wahrnimmst, wohin dein Auge blickt. Die gesamte Natur in all ihren Formen ist Schönheit; eine Schönheit, die für den Hirten auf den Hügeln, für den Dorfbewohner auf den Feldern und für die Beduinen auf ihren Wanderungen zwischen Gebirge und Küste der Beginn des Glückes ist und für den Weisen die Leiter zum Thron der Wahrheit, die nicht verletzt.»

Ich entgegnete: «In der Tat, die Schönheit ist eine furchtbare und schreckliche Macht!» Und dabei drückte das Klopfen meines Herzens aus, was meine Zunge nicht weiß.

Auf ihrem Mund erschien das Lächeln der Blumen und in ihren Augen das Geheimnis des Lebens, als sie sagte:

«Ihr Menschen fürchtet alles, sogar euch selbst. Ihr fürchtet den Himmel, der die Quelle des Friedens ist; ihr fürchtet die Natur, die euer Ruhelager ist. Ja, ihr fürchtet den Gott der Götter und unterstellt ihm Zorn und Haß; und wäre er nicht Liebe und Erbarmen, so wäre er nicht.»

Nach einer Weile angenehmster Träumerei fragte ich sie:

«Was ist Schönheit? Die Menschen haben die unterschiedlichsten Vorstellungen von ihr, und im Lob und in der Liebe zu ihr weichen sie voneinander ab.»

Sie antwortete:

«Schönheit ist, was deine Seele anzieht. Sie ist das, was du siehst und dich veranlaßt, zu geben statt zu nehmen. Sie ist das, was du fühlst, wenn du ihr begegnest und deine

Hände ausstreckst, um sie an dich zu ziehen. Sie ist das, was der Körper als Prüfung ansieht und der Geist als Geschenk. Sie ist die Eintracht zwischen Traurigkeit und Freude. Sie ist all das, was du als Verborgenes erkennst, als Unbekanntes ahnst und schweigend hörst. Sie ist eine Macht, die in deinem Allerheiligsten beginnt und jenseits deiner Visionen endet...»

Die Tochter des Waldes näherte sich mir; sie legte ihre duftende Hand auf meine Augenlider, und als sie sich wieder entfernte, fand ich mich allein in diesem Tal. Ich ging zurück, und meine Seele wiederholte:

«Die Schönheit ist das, was du siehst und dich veranlaßt, zu geben statt zu nehmen.»

Besuch der Weisheit

In der Stille der Nacht kam die Weisheit zu mir und blieb an meinem Bett stehen. Sie schaute mich mit dem Blick einer liebenden Mutter an, und indem sie mir die Tränen von den Wangen wischte, sagte sie:

«Ich hörte den Ruf deiner Seele, und ich bin gekommen, um dich zu trösten. Öffne mir dein Herz, und ich werde es mit Licht füllen. Frage mich, und ich zeige dir den Weg der Wahrheit!»

Ich sagte: «Wer bin ich, o Weisheit, und wie bin ich an diesen furchterregenden Ort gekommen? Was bedeuten diese großen Hoffnungen, die zahlreichen Bücher und die seltsamen Zeichnungen? Was sollen diese Gedanken, die wie Scharen von Tauben vorbeiziehen? Und diese Worte – mit Lust gedichtet und mit Wonne deklamiert? Welcher Art sind die betrüblichen und erfreulichen Regungen, die meinen Geist befallen und mein Herz umfangen? Was für Augen sind das, die bis in mein Innerstes sehen und sich von meinen Leiden abwenden? Was für Stimmen sind das, die meine Tage beklagen und meine Bedeutungslosigkeit besingen? Was ist diese Jugend, die mit meinen Gefühlen spielt und sich über meine Sehnsucht mokiert – vergessend die Taten von gestern, sich freuend an den Belanglosigkeiten des Heute und die zukünftigen Dinge verachtend –?

Was für eine Welt ist das, die mich ins Unbekannte führt und mit mir an unbedeutenden Plätzen haltmacht? Was für eine Erde, die ihren Mund weit öffnet, um die Kadaver hinunterzuschlucken, und ihr Herz den Begierden öffnet, die sich darin ansiedeln? Und was für ein Mensch ist das, der sich mit der Liebe zum Glück begnügt, nicht ahnend, daß sie ihn in den Abgrund führt? Wer trachtet nach dem Kuß des Lebens, wenn der Tod ihn ohrfeigt? Wer erkauft sich eine Minute Lust für ein Jahr Bedauern? Wer gibt sich dem Schlaf hin, wenn die Träume ihn rufen? Wer läuft mit den Flüssen der Unwissenheit zum Meer der Finsternis? O Weisheit, was für Dinge sind das?»

Und die Weisheit antwortete:

«Du versuchst, o Mensch, die Welt mit den Augen eines Gottes zu sehen und die Geheimnisse der kommenden Welt mit menschlichem Geist zu ergründen. Und das ist der Gipfel der Narrheit!

Geh hinaus in die Natur. Dort findest du die Biene eine Blume umkreisen und den Geier, der sich auf seine Beute stürzt. Tritt ein in das Haus deines Nachbarn. Du wirst dort das Kind finden, das über die Feuerflammen staunt, während seine Mutter mit einer Hausarbeit beschäftigt ist. Sei wie die Biene, und verschwende nicht die Zeit des Frühlings damit, den Geier zu beobachten. Sei wie das Kind. Freu dich über die Flammen des Feuers, und laß deine Mutter sich um die Hausarbeit kümmern. Alles, was du mit deinen Augen siehst, ist für dich und wird für dich sein.

Die vielen Bücher, die seltsamen Zeichnungen und die schönen Gedanken sind die Schatten der Geister, die dir vorausgegangen sind. Die Worte, die du webst, sind Brücken zwischen dir und deinen Brüdern. All die betrüblichen und erfreulichen Regungen sind Samen, welche die Vergangenheit ausgestreut hat in das Feld des menschlichen Geistes, um in die Zukunft einzudringen. Diese Jugend, die mit deinen Gefühlen spielt, ist derjenige, der die Tür deines Herzens öffnen will, um das Licht einzulassen. Die Erde, die ihren Mund öffnet, um die Kadaver zu verschlingen, wird deine Seele aus der Sklaverei deines Körpers befreien. Diese Welt, die mit dir unterwegs ist, ist dein Herz, und ein Herz ist alles, was du für diese Welt hältst. Und der Mensch, den du als unwissend und gering bezeichnest, ist aus Gott gekommen, um Freude durch Leid zu erlernen und Wissen durch Finsternis.»

Nach diesen Worten legte die Weisheit ihre Hand auf meine brennende Stirn und sagte:

«Geh weiter, und bleib nicht stehen, denn vor dir ist die Vollendung. Geh und fürchte nicht die Dornen auf dem Weg, denn sie greifen nur das unreine Blut an.»

Geschichte eines Freundes

Ich kannte ihn als einen jungen Mann, verloren auf dem Pfad des Lebens, gelenkt von den Taten seiner Jugend, der beim Verfolgen seiner Wünsche sein Leben aufs Spiel setzte. Ich kannte ihn als eine zarte Blüte, die ein leichter Windstoß in die Meerestiefen der Leidenschaft getragen hatte.

Ich kannte ihn in jenem kleinen Dorf als einen boshaften und streitsüchtigen Jungen, der die Vogelnester mit seinen Fingern zerpflückte und die Vogeljungen tötete. Mit seinen Füßen zertrat er die Blumen – ihre Schönheit vernichtend. Ich kannte ihn in der Schule als einen heranwachsenden Jüngling, der weit davon entfernt war, Wissen zu erwerben, vielmehr zu Hochmut und Arroganz neigte und ein Feind der Ruhe war.

Ich kannte ihn in der Stadt als einen jungen Mann, der mit der Ehre seines Vaters Handel trieb auf dem Marktplatz der Eitelkeiten. Er vergeudete dessen Reichtümer an unehrenhaften Plätzen und verschrieb sich dem Wein.

Trotz allem liebte ich ihn. Ich liebte ihn mit einer Liebe, in die sich Bedauern und Besorgnis mischten. Ich liebte ihn, denn seine verwerflichen Handlungen waren nicht das Ergebnis eines beschränkten Geistes, sondern die Taten einer schwachen und verzweifelten Seele.

Die Seele, ihr Menschen, weicht nur widerwillig vom Weg der Weisheit ab und kehrt bereitwillig darauf zurück. Gewöhnlich bricht in der Jugendzeit ein Orkan aus, der Staub und Sand mit sich führt; er füllt damit die Augen, um sie zu schließen und zu blenden – und oft schließt er sie für eine lange Weile.

Ich liebte diesen Jüngling und blieb ihm treu, denn ich hatte erlebt, wie die Taube seines Gewissens mit dem Geier seiner Missetaten kämpfte; und wenn die Taube besiegt wurde, so war es wegen der Stärke ihres Gegners und nicht ihrer Feigheit wegen. Das Gewissen ist ein gerechter, aber schwacher Richter. Seine Schwachheit steht der Verwirklichung des Rechtmäßigen zuweilen im Wege.

Ich sagte, daß ich ihn liebte, aber die Liebe hat vielerlei Formen: manchmal erscheint sie uns als Weisheit, manchmal als Gerechtigkeit, ein anderes Mal als Hoffnung. Meine Liebe zu ihm war meine Hoffnung, daß das Licht seiner Sonne über die Finsternis seiner Handlungen die Oberhand gewinnen würde. Aber ich wußte nicht, wie und wann sich das Unreine in Reines und die Bosheit in Friedfertigkeit wandeln würden. Der Mensch weiß nicht, auf welche Weise die Seele aus der Knechtschaft der Materie befreit wird – außer nach ihrer Befreiung. Und er weiß auch nicht, wie eine Blume lächelt – außer nach der Ankunft des Morgens.

*

Die Tage folgten den Nächten auf den Fersen, und ich erinnerte mich an diesen Jüngling mit schmerzlichem Bedauern. Sooft ich seinen Namen aussprach, tat ich es mit einem Seufzer, der aus den Tiefen meiner Seele kam.

Gestern erhielt ich einen Brief von ihm, in dem er schrieb: «Komm zu mir, mein Freund, denn ich möchte dich mit einem jungen Mann bekannt machen. Dein Herz wird sich über diese Begegnung freuen, und diese Bekanntschaft wird deinen Geist erfrischen.»

Ich sagte mir: «Schade! Sucht er dieser betrüblichen Freundschaft eine andere ihrer Art hinzuzufügen? Ist er nicht allein ein ausreichendes Beispiel, die Zeilen des Irrtums aufzuzeigen? Muß er dieses Beispiel nun noch ergänzen durch Zeilen seiner Freunde, damit mir auch ja kein Buchstabe aus dem Buch der Irrtümer entgeht?» Dann sagte ich mir: «Geh hin! Die Seele kann dank ihrer Weisheit auch aus Disteln Feigen pflücken, und das Herz schöpft dank seiner Liebe Licht aus Finsternis.»

Als der Abend kam, ging ich zu ihm hin. Ich traf meinen Freund allein in seinem Zimmer – vertieft in die Lektüre eines Gedichtbandes. Ich begrüßte ihn. Und während ich mich über das Buch in seinen Händen wunderte, fragte ich ihn:

«Wo ist denn dein neuer Freund?»

«Ich bin es, mein Freund, ich bin es!» erwiderte er.

Dann setzte er sich mit einer Besonnenheit, die ich an ihm nicht kannte. Er schaute mich an, und in seinen Augen war ein seltsamer Glanz, der mein Herz berührte. Diese Augen, in denen ich bisher nichts anderes als Härte und Gewaltsamkeit wahrgenommen hatte, strahlten nun ein Licht aus, welches das Herz wärmte. Dann sagte er mit einer Stimme, von der ich glaubte, daß sie von einem anderen stammte:

«Wahrlich, derjenige, den du in seiner Kindheit gekannt hast, dessen Schulkamerad du warst und den du in seiner Jugend begleitet hast, er ist gestorben. Und bei seinem Tod wurde ich geboren. Ich bin dein neuer Freund. Nimm meine Hand!»

Ich nahm seine Hand und fühlte bei der Berührung einen friedlichen Geist mit dem Blut durch die Adern fließen. Seine rohe Hand war sanft und weich geworden. Ihre Finger, die gestern noch den Krallen des Tigers glichen, streichelten sanft mein Herz.

Dann sagte ich (könnte ich mich doch genau an meine seltsamen Worte erinnern):

«Wer bist du? Was ist geschehen, daß du so geworden bist? Hat dich der Geist als Tempel erkoren und dich geheiligt, oder spielst du mir die Rolle eines Dichters vor?»

Er antwortete mir:

«O mein Freund, der Geist ist tatsächlich auf mich herabgekommen und hat mich geheiligt. Eine große Liebe hat mein Herz zu einem Altar gemacht. Es ist eine Frau! Eine Frau – gestern hielt ich sie noch für ein Spielzeug des Mannes – hat mich errettet aus der Finsternis der Hölle und mir die Tore des Paradieses geöffnet. Und ich bin eingetreten. Die wahre Frau hat mich an den Jordan ihrer Liebe geführt und mich darin getauft. Sie, deren Schwestern ich in meiner Dummheit verachtete, hat mich auf den Thron der Ehre erhoben. Sie, deren Begleiterinnen ich in meiner Unwissenheit entehrte, hat mich geläutert durch ihre Liebe. Sie, deren Artgenossinnen ich unterjochte, hat mich befreit durch ihre Liebe ... Sie, die den ersten Mann aus dem Garten Eden vertrieb durch die Stärke ihres Begehrens und durch seine Schwäche, hat mich ins Paradies zurückgeführt durch ihre Zärtlichkeit und meinen Gehorsam.»

In diesem Augenblick sah ich ihn an und bemerkte Tränen in seinen Augen, ein Lächeln auf seinen Lippen, und der Glanz der Liebe krönte ihn. Ich näherte mich ihm und küßte ihn auf seine Stirn, wie der Priester den Altar küßt. Dann verabschiedete ich mich von ihm und wiederholte mir seine Worte:

«Sie, die den ersten Mann aus dem Garten Eden vertrieb durch die Stärke ihres Begehrens und seine Schwäche, hat mich ins Paradies zurückgeführt durch ihre Zärtlichkeit und meinen Gehorsam.»

Zwischen Wahrheit und Fantasie

Das Leben trägt uns von einem Ort zum anderen, und das Schicksal führt uns aus einem Milieu ins andere; doch wir sehen nichts als die Steine auf unserem Weg und hören nur die Stimme, die wir fürchten.

Vor uns erscheint die Schönheit auf dem Thron der Ehre; wir eilen zu ihr, und im Namen der Sehnsucht besudeln wir ihre Schleppe und rauben ihr die Krone der Reinheit.

Die Liebe zieht an uns vorüber im Gewand der Sanftmut; wir verbergen uns aus Furcht vor ihr in dunklen Höhlen, oder wir folgen ihr und tun in ihrem Namen Unrecht.

In unserer Mitte weilt der Weise und trägt sein schweres Joch, doch es ist sanfter als der Atem einer Blume und zarter als die Morgenbrise des Libanon.

An der Straßenkreuzung steht die Weisheit und ruft uns über die Köpfe der Menschen hinweg zu; doch wir beachten sie nicht und verachten diejenigen, die ihr folgen.

Die Freiheit lädt uns an ihre Tafel, damit wir ihren Wein und ihre Speisen kosten; doch wir füllen unseren Magen an anderen Tischen, die uns zur Schmach gereichen.

Die Natur reicht uns die Hand der Freundschaft, sie lädt uns ein, damit wir uns an ihrer Schönheit erfreuen; doch wir fürchten ihre Stille und fliehen in die Städte, wo wir uns zusammendrängen wie eine Herde Lämmer beim Anblick des Wolfes.

Im Lächeln eines Kindes oder im Kuß des Geliebten sucht uns die Wahrheit auf; wir aber verschließen ihr die Türen und verstoßen sie, als wäre sie unrein.

Und während das Herz unseren Beistand sucht und die

Seele uns ruft, verharren wir stumm wie ein Stein; weder hören wir, noch verstehen wir etwas. Wenn aber jemand den Ruf seines Herzens hört und ihm folgt, sagen wir von ihm, er sei besessen, und halten uns fern von ihm.

Auf diese Weise gehen die Nächte vorüber, ohne daß wir ihnen Beachtung schenken; und die Tage folgen ihnen und begrüßen uns, doch wir fürchten die Nächte und die Tage.

Wir stehen der Erde nahe und sind verwandt mit den Göttern. Wir gehen am Brot des Lebens vorüber, während der Hunger an unseren Kräften zehrt. Wie lieb ist uns das Leben, aber wie weit sind wir vom Leben entfernt.

Meine Brüder

Du, der du auf dem Lager des Elends geboren wurdest, an der Brust der Schmach und in den Häusern der Demütigung aufgewachsen bist, der du dein trockenes Brot seufzend ißt und trübes Wasser trinkst, das mit deinen Tränen vermischt ist –

Du Soldat, den das ungerechte menschliche Gesetz zwingt, seine Begleiterin, seine Kinder und Verwandten zu verlassen, um aufs Schlachtfeld zu ziehen wegen eines ehrgeizigen Zieles, das man als Pflicht ausgibt –

Du Dichter, der wie ein Fremdling in seiner Heimat lebt, unerkannt zwischen Bekannten, der sich zum Leben mit dem Nötigsten begnügt und mit ein wenig Tinte und Papier zufrieden ist –

Ihr Gefangenen, in die Finsternis gesperrt wegen geringer Schuld, welche diejenigen vergrößern, die Böses mit Bösem vergelten und Reformen durch Korruption zu erreichen suchen –

Du Unglückliche, die Gott mit Schönheit ausgestattet hat; ein junger Mann bemerkte sie und folgte dir; er bestach dich mit seinem Gold und verführte dich; du gabst dich ihm hin, und er ließ dich als Beute zurück zitternd zwischen den Klauen der Demütigung und des Unglücks –

Ihr meine geliebten Schwachen, ihr seid die Märtyrer der Gesetze der Menschen. Ihr seid unglücklich, und euer Unglück ist das Ergebnis der Ungerechtigkeit der Mächtigen, der Willkür der Herrschenden, der Unterdrückung der Reichen und des Egoismus der Sklaven der Lust. Verzweifelt nicht, denn hinter der Ungerechtigkeit dieser Welt, hinter aller Materie, hinter Wolken, Luft und allen Dingen gibt es eine Macht, welche die vollkommene Gerechtigkeit, das vollkommene Erbarmen und die vollkommene Liebe ist.

Ihr gleicht Blumen, die im Schatten aufwachsen. Sanfte Winde wehen vorüber und werden eure Samen zum Licht der Sonne tragen, und ihr werdet dort ein glückliches Leben führen.

Ihr seid wie nackte Bäume, gebeugt unter der schweren Last des winterlichen Schnees. Bald wird der Frühling kommen und euch mit frischen, grünen Blättern bekleiden.

Die Wahrheit wird den Tränenschleier zerreißen, der euer Lächeln verbirgt. Ich umarme euch, meine Brüder, und verachte diejenigen, die euch unterdrücken.

Klage im Feld

Bevor die Sonne am Horizont erschien, saß ich in der
Morgendämmerung auf einem Feld und hielt Zwiesprache mit der Natur. In dieser Stunde voller Reinheit und
Schönheit, in der die Menschen noch in tiefem Schlaf versunken sind – in Träume versponnen oder kurz aufwa-
chend –, saß ich im Gras und suchte eine Erklärung für all
das, was ich um mich herum sah, für die Wahrheit der
Schönheit und die Schönheit der Wahrheit.

Und als ich mich in meiner Vorstellung von allem
Menschlichen gelöst und meine Einbildungskraft den
Schleier der Materie von meinem Innersten entfernt
hatte, fühlte ich meinen Geist wachsen und mich der Natur näherbringen; sie offenbarte mir ihre Geheimnisse
und lehrte mich die Sprache ihrer Kreaturen.

Als ich mich in diesem Zustand befand, zog eine leichte
Brise an den Zweigen vorüber, und dabei seufzte sie wie
ein verzweifeltes Waisenkind. Ich erkundigte mich:

«Warum seufzt du, leichte Brise?»

Sie antwortete:

«Weil ich auf dem Weg zur Stadt bin, vertrieben von der
Wärme der Sonne, zur Stadt, wo sich die Mikroben der
Krankheit an meine reine Schleppe heften werden und der
giftige Atem der Menschen mich berühren wird. Deshalb
siehst du mich betrübt.»

Und als ich die Blumen aufmerksam betrachtete, sah ich
Tautropfen wie Tränen aus ihren Augen perlen, und ich
fragte sie:

«Warum weint ihr, ihr schönen Blumen?»

Eine von ihnen hob ihren Kopf und sagte:

«Wir weinen, weil der Mensch kommen und unsere Köpfe abschneiden wird, um sie in die Stadt zu bringen und uns wie Sklaven zu verkaufen, und wir sind gewohnt, in Freiheit zu leben. Kommt der Abend, und wir sind verwelkt, dann wirft er uns auf den Abfall. Wie sollten wir da nicht weinen, wenn uns die harte Hand des Menschen von unserer Heimat, dem Feld, trennen wird?»

Nach einer Weile hörte ich den Bach schluchzen wie eine ihrer Kinder beraubte Mutter. Ich fragte ihn:

«Warum schluchzt du so, freundlicher Bach?»

Er entgegnete:

«Weil ich gegen meinen Willen zur Stadt fließen muß, wo die Menschen mich mißachten. Sie haben mein Wasser durch Rebensaft ersetzt und brauchen mich nur noch, um ihren Schmutz zu befördern. Wie sollte ich da nicht schluchzen, wenn bald meine Klarheit getrübt und meine Reinheit besudelt wird?»

Dann hörte ich die Vögel eine traurige Weise singen, als ob sie einen Toten beweinten, und ich erkundigte mich:

«Warum klagt ihr, ihr kleinen Vögel?»

Einer von ihnen näherte sich mir, setzte sich auf die Spitze eines Zweiges und sagte:

«Morgen wird der Sohn Adams kommen mit einem furchtbaren Instrument in seinen Händen, mit dem er uns töten wird, wie die Sense das Korn hinwegrafft. So nehmen wir voneinander Abschied, weil wir nicht wissen, wer von uns diesem Schicksal entgehen wird. Wie sollten wir nicht klagen, wenn der Tod uns verfolgt, wohin wir uns auch wenden?»

Da erschien die Sonne hinter dem Gebirge und krönte der Berge Häupter mit goldenen Kronen. Und ich fragte mich:

«Warum zerstört der Mensch, was die Natur aufbaut?»

Zwischen Hütte und Schloß

Der Abend kam, und die elektrischen Lichter erstrahlten im Schloß des Reichen. Am Eingang des Schlosses standen Diener in einer Samtlivree mit glänzenden Knöpfen auf der Brust und erwarteten die Gäste.

Fröhliche Musik ertönte, und von allen Seiten näherten sich Herren und Damen in ihren Karossen, die von edlen Pferden gezogen wurden. Sie betraten das Schloß, die Schleppen ihrer kostbaren Kleider hinter sich herziehend und die Zeichen ihrer Ehre und ihres Reichtums zur Schau stellend.

Dann erhoben sich die Herren von ihren Plätzen und forderten die Damen zum Tanz auf. Die Damen folgten ihren Tanzpartnern, und die Tanzfläche glich bald darauf einem Garten, durch den die Brise der Melodien geht und die bunten Blumen hin und her bewegt.

Um Mitternacht versammelten sich alle an einer großen Tafel, auf der sich die auserlesensten Speisen und seltensten Früchte befanden. Gläser wurden an alle ausgeteilt, der Wein begann mit ihren Sinnen zu spielen und tat seine Wirkung.

Bei Anbruch der Dämmerung zerstreuten sich die Gäste, nachdem die lange Nacht sie erschöpft hatte – betrunken vom Wein und ermattet von Tanz und Lustbarkeit.

*

Als die Sonne unterging, stand ein Mann in Arbeitskleidung vor der Tür einer armseligen Hütte. Er klopfte, und man öffnete ihm. Während er eintrat, grüßte er lächelnd. Dann nahm er zwischen seinen Kindern Platz, die sich in der Nähe des Feuers wärmten.

Nach einer Weile bereitete seine Frau das Essen zu. Sie setzten sich alle um einen Tisch aus Holz und aßen. Nach dem Mahl setzten sie sich unter eine Lampe, die die Pfeile ihres matten, gelben Lichtes ins Herz der Dunkelheit sandte. Und nachdem sie einen Teil der Nacht zusammen verbracht hatten, erhoben sie sich in Ruhe und gingen schlafen.

Bei Anbruch der Morgendämmerung stand der Arme auf und nahm mit seiner Frau und seinen Kindern ein wenig Brot und Milch zu sich. Dann küßte er sie zum Abschied und ging mit einem schweren Spaten auf seiner Schulter aufs Feld, um es mit dem Schweiß seiner Stirn zu tränken und fruchtbar zu machen, damit es jene reichen Leute ernähre, die gestern die ganze Nacht mit Tanz und Musik verbrachten.

Die Sonne ging hinter den Bergen auf, und die Hitze brannte auf dem Kopf des Arbeiters, während die Reichen in ihren Palästen schliefen.

Das ist die Tragödie des Menschen, gespielt auf der Bühne der Zeit. Zahlreich sind die Zuschauer, die applaudieren, selten aber sind diejenigen, die nachdenken und verstehen.

Zwei Kinder

Ein Prinz stand auf dem Balkon seines Palastes und rief in die Menschenmenge, die sich im Garten des Palastes versammelt hatte:

«Ich verkünde euch eine frohe Botschaft und beglückwünsche unser Land, denn die Prinzessin hat einem Sohn das Leben geschenkt, der die Ehre meiner ruhmvollen Familie weiterführen wird. Er wird euer Stolz und euer Schutz sein und der Erbe all dessen, was meine berühmten Vorfahren hinterlassen haben. Freut euch und jubelt, denn eure Zukunft wurde diesem Sprößling unseres Hauses anvertraut!»

Die Menge schrie und erfüllte die Atmosphäre mit Freudenrufen. Sie hieß denjenigen willkommen, der in der Wiege des Luxus aufwachsen und den Thron seiner Väter besteigen wird, um ein absoluter Herrscher seiner Untertanen zu sein. Dank seiner Macht wird er die Zügel der Schwachen in Händen halten, um sich ihrer Körper zu bedienen und ihren Geist zu zerstören. Deswegen freuten sie sich, sangen Jubellieder und tranken auf den Neugeborenen.

Während die Bewohner jener Stadt den Starken ehrten und sich selbst verachteten, indem sie ihrem Unterdrücker zujubelten – und die Engel über ihre Engstirnigkeit weinten –, lag in einem armseligen, verlassenen Haus eine Frau erschöpft auf dem Bett und hielt ein Neugeborenes an ihrer brennenden Brust, das in Stoffetzen gekleidet war. Sie war eine sehr junge Frau – fast noch ein Mädchen –, der das Schicksal Armut und Elend zugeteilt hatte, und die die Menschen verlassen hatten. Ihr schwacher Mann war durch die Ungerechtigkeit des Prinzen getötet worden. Ihr, die allein zurückgeblieben war, hatten die Götter in dieser Nacht einen kleinen Begleiter gesandt, der ihre Hände fesselte, statt daß sie durch ihre Arbeit ihren Unterhalt verdienten.

Als der Lärm der Menschenmenge in den Straßen verebbte, drückte die Arme ihr Neugeborenes an ihre Brust, schaute in seine glänzenden Augen und weinte bitterlich, als ob sie das Kind mit ihren heißen Tränen taufen wollte. Und mit einer Stimme, die einen Felsen zu spalten vermag, sagte sie:

«Warum, mein Liebling, bist du aus der Welt des Geistes hierhergekommen? War es der Wunsch, mein bitteres Leben mit mir zu teilen, oder war es Mitleid mit meiner Schwachheit? Warum hast du die Engel und das grenzenlose Firmament verlassen, um in dieses beengte, elende und niedrige Leben zu kommen? Ich habe nichts außer Tränen, mein Einziger; kannst du dich von ihnen ernähren statt von Milch? Und können meine nackten Arme dich anstelle von gewebten Stoffen bekleiden? Die kleinen Tiere weiden auf frischem grünem Gras und übernachten in sicheren Höhlen, und die jungen Vögel picken überall Körner auf und schlafen friedlich zwischen den Zweigen der Bäume... Du aber, mein armes Kind, hast nichts anderes als meine Seufzer und meine Schwachheit.»

Bei diesen Worten drückte sie ihr Kind an sich, als ob sie aus ihren beiden Körpern einen einzigen machen wollte. Sie hob ihre Augen zum Himmel und rief:

«Herr, hab Erbarmen mit uns!»

Und als die Wolken das Gesicht des Mondes enthüllten, drangen seine silbernen Strahlen durch das Fenster in die armselige Hütte und fielen auf zwei leblose Körper.

Dichter und Emigranten

Wenn unsere großen Dichter al-Mutanabi[1] und al-Farid[2] geahnt hätten, daß ihre Werke als Grundlage für steriles Denken dienen und von unseren heutigen Dichterlingen als Orientierung benutzt werden, so hätten sie gewiß ihre Tinte in den Steinbrüchen des Vergessens ausgegossen und ihre Federn mit sorgloser Hand zerbrochen.

Und wenn Homer, Vergil, Muarri und Milton gewußt hätten, daß ihre Dichtung, die aus einer Seele kommt, die Gott gleicht, in den Häusern der Reichen wohnen würde, hätten sich ihre Geister von der Erde entfernt und sich hinter den Planeten versteckt.

Ich bin nicht unduldsam, aber es schmerzt mich sehr, die Sprache jener großen Geister von den Zungen Unwissender zu hören und das Wasser des Paradiesflusses aus den Federn derjenigen fließen zu sehen, die sich nur anmaßen, Dichter zu sein. Ich empfinde nicht alleine diesen Groll, vielmehr bin ich einer unter vielen, die angewidert auf die Frösche blicken, die sich aufblähen, um einem Stier zu gleichen.

Die Dichtung, ihr Menschen, ist heiliger Geist, verkörpert durch ein Lächeln, das das Herz erfreut, oder durch einen Seufzer, dem weinenden Auge entrungen; es sind Bilder, die in der Seele wohnen, ihre Nahrung ist das Herz, ihr Getränk die Gefühle. Und wenn die Dichtung

---

[1] 915–965, bedeutendster arabischer Dichter der Nachklassik
[2] 1119–1220, genannt der göttliche Dichter

sich aus anderen Quellen nährt, so ist sie ein Scharlatan, den man besser vertreibt.

O Göttin der Dichtkunst, verzeih die Schuld derer, die sich dir mit geschwätziger Rede nähern, statt dich anzubeten mit der Lauterkeit ihrer Seele und der Vorstellungskraft ihres Geistes.

Ihr großen Geister der Dichtung, die ihr aus der ewigen Welt auf uns herabschaut, wir haben keine andere Rechtfertigung dafür, daß wir uns dem Altar nähern, den ihr mit den Perlen eurer Gedanken und dem Tresor eurer Seelen geschmückt habt – außer der, daß in unserem Jahrhundert die Ruhelosigkeit der Maschinen und der Lärm der Fabriken immer stärker wurden, so daß unsere Dichtung schwerfällig und geräuschvoll daherkommt – wie eine Dampflokomotive und unseren Ohren weh tut – wie der Lärm von Motoren.

Verzeiht uns, ihr wahren Dichter! Doch wir sind aus der neuen Welt; wir laufen der Materie hinterher. Und selbst unsere Poesie wurde zur Materie – geschaffen von unseren Händen und unverständlich für unsere Seelen.

Unter der Sonne

Ich habe alle Werke gesehen, die unter der Sonne verrichtet werden; und siehe, alles ist eitel und Windhascherei. Eccl. 1,14

O Geist Salomons, der in der weiten Welt des Geistes wohnt, der das Gewand der Materie abgelegt hat, das wir noch tragen, du hast uns diese Worte hinterlassen, die aus Schwachheit und Verzweiflung stammen und ihrerseits Schwachheit und Hoffnungslosigkeit stiften.

Du weißt jetzt, daß es in diesem Leben einen Sinn gibt, den nicht einmal der Tod vereiteln kann. Doch dieses Wissen erfaßt man erst nach der Befreiung aus den Schlingen der Materie.

Du weißt nun, daß das Leben keine Windhascherei ist und daß nichts unter der Sonne eitel ist, sondern daß alles unterwegs war und unterwegs ist zur ewigen Wahrheit.

Wir Arme aber haben uns an deine Worte geklammert, über sie nachgesonnen und nicht aufgehört, sie für eine glänzende Weisheit zu halten, dabei sind sie Finsternis, die den Geist verwirrt und die Hoffnung verwirft.

Du weißt, daß es für die Dummheit, das Böse und die Ungerechtigkeit gute Gründe gibt und daß wir die Schönheit nur im Wirken der Weisheit, in den Werken der Tugend und in den Früchten der Gerechtigkeit finden.

Du weißt, daß Trauer und Armut das Herz reinigen. Doch unsere begrenzte Vernunft hält dafür, daß nur Wohlstand und Freude das Leben lebenswert machen.

Du weißt auch, daß unsere Seelen dem Licht entgegengehen – trotz aller Schwierigkeiten des Lebens; wir aber wiederholen deine Worte, die zum Ausdruck bringen, daß der Mensch nichts anderes ist als ein Spielball in den Händen einer unbekannten Macht.

Sicher bedauerst du es nun, diesen Geist beschworen zu haben, der die Liebe zu unserem irdischen Leben schwächt und die Sehnsucht nach dem zukünftigen Leben auslöscht – wir aber halten beharrlich an deinen Worten fest.

O Geist Salomons, der in der Welt der Ewigkeit wohnt, steh denjenigen bei, welche die Weisheit lieben, daß sie nicht den Weg der Hoffnungslosigkeit und des Unglaubens einschlagen. Dies wäre eine Wiedergutmachung für eine unbeabsichtigte Schuld.

Ein Blick in die Zukunft

Von jenseits der Mauer der Gegenwart hörte ich die Lob-
preisungen der Menschheit.

Ich hörte die Glocken mit gewaltiger Stimme den Beginn
des Gebetes im Tempel der Schönheit verkünden, Glok-
ken, die aus dem kräftigen Metall der Gefühle gegossen
und über dem Schrein des menschlichen Herzens errichtet waren.

Hinter der Mauer der Zukunft sah ich eine Menschenmenge an der Brust der Natur, der aufgehenden Sonne
zugewandt, die Fülle des Morgenlichts erwarten – des
Morgens der Wahrheit.

Ich sah die zerstörte Stadt, von der nichts übriggeblieben
war als Ruinen, die von der Flucht der Dunkelheit vor der
Ankunft des Lichtes berichten.

Ich sah die Alten im Schatten von Pappeln und Weiden
sitzen, während die Kinder um sie herumstanden und
ihren Geschichten lauschten.

Ich sah junge Männer auf Gitarren und Flöten spielen;
junge Mädchen umtanzten sie mit gelösten Haaren unter
Jasminzweigen.

Ich sah Männer das Getreide ernten; während die Frauen
die Garben trugen, sangen sie Lieder, die ihre Freude und
ihr Glück ihnen eingaben.

Und eine Frau sah ich, die ihre abgetragenen Kleider
durch eine Krone aus Lilien und einen Gürtel aus frischen
grünen Blättern ersetzte.

Es bestand eine Harmonie zwischen dem Menschen und
allen Kreaturen: Scharen von Vögeln und Schmetterlin-

gen näherten sich ihm vertrauensvoll, und eine Gruppe von Gazellen umstand ihn unbekümmert am Teich.

Ich konnte weder Mangel noch Überfluß entdecken; wo ich auch hinsah, bemerkte ich Brüderlichkeit und Gleichheit.

Weder sah ich einen Arzt – denn jeder war sein eigener Arzt aufgrund seiner Erkenntnisse und Erfahrungen –, noch sah ich einen Priester, denn das Gewissen war einem jeden sein Hoherpriester. Auch Rechtsanwälte gab es nicht, denn anstelle des Tribunals schloß die Natur die Verträge.

Und der Mensch war sich bewußt, Eckstein der Schöpfung zu sein; alles Niedrige und Engstirnige lag ihm fern. Er hatte von seiner Seele den Schleier der Verwirrung entfernt und war imstande zu lesen, was die Wolken auf das Gesicht des Himmels schreiben und der Wind auf die Oberfläche des Meeres; er verstand das Seufzen der Blumen und das Lied der Drosseln und der Nachtigallen.

*

Von jenseits der Mauer der Gegenwart sah ich auf der Bühne der zukünftigen Welt die Schönheit und den Geist als Braut und Bräutigam und das ganze Leben als «Nacht des Schicksals»[1].

---

[1] Die Nacht des Schicksals ist die 27. Nacht des muslimischen Fastenmonats Ramadan; Mohammad erhielt in dieser Nacht die erste Offenbarung. Man sagt, daß in dieser Nacht die Tore des Paradieses geöffnet sind.

Königin der Fantasie

Als ich die Ruinen von Palmyra erreichte, war ich von der langen Reise so erschöpft, daß ich mich ins Gras legte, das zwischen den Säulen und Pfeilern wuchs. Die Zeit hatte sie entwurzelt und zu Boden geworfen, als ob ein Krieg hier gewütet hätte. Ich betrachtete ehrfürchtig die Pracht, wenngleich sie zerstört war und zu der blühenden Umgebung im Widerspruch stand.

Als die Nacht angebrochen war und die Kreaturen sich unter dem Mantel des Schweigens versammelt hatten, merkte ich, daß die Luft von etwas erfüllt war, das nach Weihrauch duftete und wie Wein berauschte. Ich trank davon und spürte verborgene Hände mit meinen Sinnen spielen; meine Augenlider wurden schwer, und mein Geist befreite sich von seinen Fesseln.

Dann dehnte sich die Erde, und das Firmament zitterte. Von magischer Macht getrieben, sprang ich vorwärts und fand mich in einem Garten wieder, den sich kein menschliches Wesen vorstellen kann. Ich war umgeben von Jungfrauen, die mit nichts anderem bekleidet waren als mit ihrer Schönheit. Während sie an meiner Seite schritten, war es, als ob ihre Füße das Gras nicht berührten. Die Melodien, die sie sangen, waren gewebt aus Träumen von der Liebe; dabei spielten sie auf ihren Gitarren aus Ebenholz mit goldenen Saiten. Als ich zu einer Lichtung gelangte, stand in der Mitte ein Thron, der mit kostbaren Steinen besetzt war. Von oben fiel ein Licht in den Farben des Regenbogens auf ihn herab. Zu beiden Seiten des Thrones standen Jung-

frauen und sangen lauter als zuvor. Alle blickten in eine
Richtung, der ein Duft von Myrrhe und Weihrauch
entströmte. In diesem Augenblick erschien aus den blühenden Zweigen eine Königin, die langsam auf den
Thron zuschritt und darauf Platz nahm. Eine Schar von
Tauben – weiß wie der Schnee – flogen vom Himmel
herab und bildeten einen Halbmond zu Füßen der Königin.

Währenddessen priesen die Jungfrauen sie in ihren Liedern, und der Weihrauch stieg ihr zu Ehren in Säulen auf.
Ich stand da und schaute gespannt auf das, was kein
Menschenauge gesehen und kein menschliches Ohr gehört hat.

Da gab die Königin mit ihrer Hand ein Zeichen, und jede
Bewegung erstarrte. Und mit einer Stimme, die meine
Seele erzittern ließ – wie die Saiten einer Laute unter der
Hand ihres Spielers –, sagte sie:

«Ich, die Herrin der Fantasie, habe dich, o Mensch, an diesen Platz gerufen. Ich erweise dir die Gunst, vor der Königin über den Wäldern der Träume zu stehen. Hör meine
Empfehlungen, und verkünde sie aller Welt:

Sag ihnen, daß die Stadt der Fantasie eine Hochzeit ist;
ihre Tore werden von einem Riesen bewacht, der niemanden einläßt, der kein Hochzeitsgewand trägt.

Sie ist ein Paradies, dessen Wächter der Engel der Liebe
ist; niemand kann sie betreten, der nicht auf seiner Stirn
das Zeichen der Liebe trägt. Sie ist ein Feld blühender
Vorstellungen, und ihre Flüsse sind wie guter Wein; ihre
Vögel schweben gleich Engeln, und ihre Blumen duften
betörend. Nur die Kinder der Träume gelangen auf dieses
Feld.

Sag den Menschen, daß ich ihnen einen Kelch der Freude
angeboten habe, doch sie gossen ihn in ihrer Unwissenheit aus. Dann kam der Engel der Finsternis und füllte ihn

mit Kummer. Sie tranken ihn unvermischt und waren betrunken.

Sag ihnen, daß niemand die Gitarre des Lebens spielen kann, als derjenige, dessen Fingerspitzen meinen Gürtel berührten und dessen Augen meinen Thron sahen.

Isaias verfaßte Verse der Weisheit – gleich Perlen auf dem Halsband der Liebsten. Johannes berichtete von seiner Vision in meiner Sprache. Dante betrat die fruchtbaren Weiden des Geistes unter meiner Führung. Ich bin ein Symbol, das die Wirklichkeit berührt, eine Wahrheit, welche die Einheit des Geistes sichtbar macht und ein Zeuge der Werke der Götter.

Sag den Menschen, daß das Denken eine Heimat hat in einer Welt jenseits der sichtbaren Welt, deren Himmel nicht verhüllt ist von den Wolken der Freude. Sag ihnen, daß die Visionen im Himmel der Götter Form annehmen und sich in der Seele widerspiegeln, damit sie ihre Hoffnung auf das lenken, was nach der Befreiung vom Leben in dieser Welt weiterleben wird.»

Und nachdem die Königin der Fantasie mich an sich gezogen und meine brennenden Lippen geküßt hatte, sprach sie:

«Sag allen, daß derjenige, der die Tage seines Lebens nicht auf der Bühne der Träume verbringt, ein Sklave der Zeit sein wird.»

In diesem Augenblick wurden die Stimmen der Jungfrauen wieder lauter; Weihrauchsäulen stiegen auf und verhüllten alles. Dann dehnte sich die Erde, und das Firmament zitterte, und ich fand mich wieder inmitten der Ruinen von Palmyra. Das Morgenrot lächelte, und auf meiner Zunge waren die Worte:

«Wer die Tage seines Lebens nicht auf der Bühne der Träume verbringt, wird ein Sklave der Zeit sein.»

Mein Kritiker

Überlaß mich meiner Einsamkeit, mein Tadler!
Ich beschwöre dich
im Namen der Liebe,
die dir die Schönheit der Geliebten eingibt,
im Namen der Liebe,
die dein Herz in Einklang bringt
mit der Zärtlichkeit einer Mutter
und dem Gefühl eines Sohnes,
ich beschwöre dich,
laß mich allein!

Überlaß mich meiner Einsamkeit
und meinen Träumen,
und gedulde dich bis morgen;
das Morgen wird mich richten
wie es will.

Mein Herz ist klein,
ich will es aus der Dunkelheit
meiner Brust befreien
und auf meiner Handfläche tragen,
ich will seine Tiefen ergründen
und seine Geheimnisse erkunden.
Lauere ihm nicht auf
mit den Pfeilen deiner Lehren,
o mein Tadler,
jage ihm keine Angst ein
und nötige es nicht,

sich im Käfig seiner Brust zu verbergen,
bevor es das Blut
seiner Geheimnisse vergoß
und den Willen der Götter tat,
den sie ihm einprägten,
als sie es schufen
aus Schönheit und Liebe.

Die Sonne ging auf,
die Nachtigallen singen,
und der Geist der Poesie erhebt sich.
Ich will mich befreien
von der Decke des Schlafes
und mit den weißen Lämmern laufen.
Warne mich nicht
vor den Löwen des Waldes
und den Schlangen des Tales,
denn meine Seele kennt keine Angst,
und sie gewahrt das Böse nicht,
bevor es sich einstellt.

Laß mich allein, mein Tadler,
hör auf zu predigen,
das Unglück öffnete mir die Augen,
meine Tränen reinigten sie,
und die Trauer lehrte mich
die Sprache der Herzen.

Hör auf, mich zu warnen,
denn mein Gewissen ist mein Richter,
es richtet mich gerecht,
bewahrt mich vor Bestrafung,
wenn ich unschuldig bin,

und entzieht mir seine Gunst,
wenn ich schuldig wurde.

Der Reigen der Liebe ist unterwegs,
die Schönheit hat sich angeschlossen,
und die Jugend bläst in die Hörner der Freude.
Halt mich nicht auf, mein Tadler,
und laß mich mitziehen!
Der Weg ist geschmückt
mit Rosen und duftenden Kräutern,
und die Luft ist erfüllt
von Weihrauch und Moschus.

Erspar mir Geschichten des Reichtums
und Erzählungen über die Ehre,
meine Seele ist zufrieden
und sucht nur die Ehre der Götter.
Erspar mir Berichte über Politik
und Beschreibungen der Mächtigen,
denn die ganze Welt ist meine Heimat
und alle Menschen sind meine Landsleute.

Selbstgespräch

Wo bist du jetzt, meine Schöne?
Bist du in jenem kleinen Paradies,
die Blumen begießend,
die dich lieben
wie Kinder die Brust ihrer Mutter?
Oder bist du in deinem Gemach,
wo du der Reinheit einen Altar errichtet hast,
auf dem du meinen Geist und mein Herz opfertest?
Vielleicht steckst du zwischen deinen Büchern,
die Weisheit der Menschen suchend,
du, die du so reich bist
an göttlicher Weisheit.

Wo bist du jetzt, Begleiterin meiner Seele?
Betest du gerade für mich im Tempel,
oder unterhältst du dich
auf den Feldern mit der Natur,
dem Hafen deiner Bewunderung
und deiner Träume.
Vielleicht befindest du dich
in den Hütten der Armen
und tröstest der Frauen gebrochene Herzen
mit deiner einfühlsamen Seele
und füllst ihre Hände
mit deiner Güte.

In der Tat bist du an jedem Ort,
da du von Gottes Geist bist,

und auch in allen Zeiten,
da du stärker bist als sie.

Erinnerst du dich an die Nächte,
die uns vereinten?
Das Leuchten deiner Seele
umgab uns wie eine Aureole,
und die Engel der Liebe
schwebten über uns,
die Werke des Geistes besingend.

Erinnerst du dich an die Zeiten,
wo wir im Schatten der Bäume saßen?
Ihre Zweige verbargen uns
vor den Blicken der Menschen,
so wie die Rippen das heilige Geheimnis
des Herzens hüten.
Erinnerst du dich an die Wege und Abhänge,
auf denen wir liefen,
während meine Finger
mit den deinen verwoben waren
wie die Flechten deiner Haare,
und wir lehnten unsere Köpfe aneinander,
als müßten wir uns gegenseitig stützen?

Erinnerst du dich an die Stunde,
als ich kam, um Abschied zu nehmen?
Du umarmtest und küßtest mich
mit heiligem Kuß.
Da erfuhr ich, daß die Lippen im Kuß
göttliche Geheimnisse offenbaren,
welche die Sprache nicht kennt.

Ein Kuß war es,
Einleitung zu einem Seufzer,
dem Hauch gleichend,
den der Allmächtige dem Staub einhauchte,
als er den Menschen erschuf.

Ein solcher Seufzer ging uns voraus
in die Welt des Geistes,
die Ehre unserer Zwillingsseelen verkündend,
und er wird dort bleiben,
bis wir in Ewigkeit
mit ihm vereint werden.

Aufs neue hast du mich
umarmt und geküßt,
und du sagtest unter Tränen:
«Wahrlich, unsere irdischen Körper
haben unbekannte Ziele
und müssen sich oft trennen
aus weltlichen Gründen;
doch die Geister bleiben vereint
in der Hand der Liebe,
bis der Tod kommt
und sie zu Gott zurückbringt.
Geh also, mein Liebster,
das Leben hat dich erwählt,
geh und folge gehorsam!
Das Leben ist eine schöne Frau,
die den Durst all derjenigen stillt,
die ihr Gehorsam leisten.
Für mich ist deine Liebe
ein unzertrennlicher Bräutigam
und die Erinnerung an dich
ein ewiges Hochzeitsfest.»

Wo bist du jetzt, meine Begleiterin?
Liegst du wach im Schweigen der Nacht,
auf eine Brise wartend,
die dir das Klopfen meines Herzens
ans Ohr trägt
und die Geheimnisse meines Innern?
Oder betrachtest du das Bild deines Geliebten?
Doch das Bild gleicht nicht mehr
dem Abgebildeten,
denn die Trauer warf Schatten
auf seine Stirn,
die sich gestern deiner Gegenwart erfreute,
die Tränen ließen die Augenlider welken,
die deine Schönheit einst salbte,
und Kummer trocknete den Mund,
der einst feucht war von deinen Küssen.

Wo bist du, Geliebte?
Hörst du jenseits des Meeres
mein Rufen und Klagen?
Siehst du meine Schwachheit
und meine Erniedrigung,
und weißt du von meiner Ausdauer?
Gibt es in der Luft keine Geister,
welche die Seufzer eines Sterbenden übertragen,
und gibt es zwischen den Seelen
keine unsichtbaren Drähte,
welche die Klagen kranker Liebender übermitteln?

Wo bist du, mein Leben?
Trauer umgibt mich,
und Kummer besiegte mich.
Lächle in die Luft,
und ich werde mich erholen!

Atme in den Wind,
und ich werde leben!
Wo bist du, Geliebte,
wo bist du?
Wie groß ist meine Liebe
und wie klein bin ich!

Der Verbrecher

An einer Straßenkreuzung saß ein Jüngling und bettelte. Sein kräftiger Körper war vom Hunger geschwächt. Er streckte seine Hände nach den Passanten aus und bat sie um Almosen, während er seine Armut und seinen Hunger beklagte.

Die Nacht brach herein. Seine Lippen waren trocken, seine Zunge schwer, und Hände und Magen waren leer. Da erhob er sich und verließ die Stadt. Am Stadtrand setzte er sich unter einen Baum und weinte bitterlich. Schließlich blickte er mit feuchten Augen zum Himmel und sagte:

«O Herr, ich ging zu den Reichen und bat um Arbeit. Sie wiesen mich ab wegen meiner abgetragenen Kleidung. Ich klopfte an die Tür einer Schule. Dort verweigerte man mir den Eintritt wegen meiner leeren Hände. Ich suchte eine Stelle, um mein tägliches Brot zu verdienen, doch niemand stellte mich ein aufgrund meines schlechten Sterns. So begann ich, um Almosen zu betteln... Deine Anhänger sahen mich und sagten: der ist stark und kräftig und kann arbeiten; wir wollen keine Faulheit unterstützen!

Du, o Herr, wolltest, daß meine Mutter mich zur Welt bringt. Dir verdanke ich mein Leben. Warum verweigern die Menschen mir das Brot, um das ich sie in deinem Namen bitte?»

In diesem Augenblick veränderte sich der Gesichtsausdruck des verzweifelten Jünglings. Er richtete sich auf, und seine Augen glänzten wie Sternschnuppen. Aus einem Zweig des Baumes, unter dem er stand, verfertigte er sich einen dicken Stock, zeigte damit auf die Stadt und rief:

«Ich bat um Brot im Namen der Liebe, aber niemand hörte mich. Jetzt werde ich es im Namen der Gewalt versuchen...»

Die Zeit verging, und dieser Jüngling beugte die Nacken, um seinen Willen zu bekommen, und er unterdrückte die Menschen, um seine Begierden zu befriedigen. Sein Reichtum wuchs, und seine Brutalität war allgemein bekannt... Er war beliebt bei Räubern und gefürchtet bei den Gesetzestreuen.

Eines Tages machte der Emir ihn zum Statthalter gemäß dem Vorgehen aller Prinzen, die ihresgleichen in wichtige Ämter wählen.

So machen die Menschen durch ihre Gleichgültigkeit aus Armen Verbrecher und infolge ihrer Herzenshärte aus friedfertigen Menschen Mörder.

Verliebte

Der erste Blick

Das ist die Minute zwischen der Ekstase des Lebens und seinem Erwachen, der erste Funken, der die Zellen des Geistes entzündet, der erste zauberhafte Ton, der auf der ersten Saite der Laute des menschlichen Herzens erklingt, der Augenblick, der dem geistigen Ohr die Kunde verflossener Zeiten zurückbringt und dem Blick die Mysterien der Nächte enthüllt; er gleicht dem Wirken des Geistes in dieser Welt und dem Geheimnis der Unsterblichkeit in der zukünftigen Welt.

Er ist die Saat, die Astarte von oben aussät, damit Augen sie in die Felder der Herzen säen, wo die Liebe sie tränkt und der Geist sie zur Frucht heranreifen läßt.

Der erste Blick der Geliebten gleicht dem Geist, der über den Fluten schwebte und aus ihnen Himmel und Erde erschuf. Der erste Blick der Geliebten gleicht dem Wort Gottes, wenn er sagt: «Sei!»

Der erste Kuß

Er ist der erste Schluck aus dem Glas, das die Götter am Paradiesfluß der Liebe füllten. Er ist die Grenze zwischen dem Zweifel, der das Herz betrübt, und der Gewißheit, die es beflügelt. Er ist der Beginn einer Hymne, das erste Kapitel aus dem Roman des neuen Menschen, das Verbindungsglied zwischen den Wundern der Vergangenheit und der Seligkeit der Zukunft, zwischen dem Schweigen der Gefühle und ihrem Lobgesang.

Er gleicht der zarten Berührung der Brise, die mit ihren Fingerspitzen sanft über die Blütenblätter der Rose gleitet. Er ist der Beginn magischer Erschütterungen, welche die Geliebten aus der Welt der Fakten herausführen in die Welt der Fantasien und Träume.

Und wenn der erste Blick der Saat gleicht, die die Göttin der Liebe ins Feld des menschlichen Herzens sät, so gleicht der erste Kuß der ersten Blüte am ersten Zweig des Lebensbaums.

Die Vereinigung

Nun beginnt die Liebe, des Lebens Prosa zu schreiben aus den Geheimnissen, welche die Tage singen und die Nächte psalmodieren. Die Sehnsucht hebt den Schleier von den Ungereimtheiten des Lebens und schafft aus den geringsten Anlässen zur Freude ein Glück, das nur vom Glück der Seele übertroffen wird, die ihrem Schöpfer begegnet...

Die Vereinigung ist die Fusion zweier Gottheiten, um eine dritte zu schaffen. Sie ist die Verbindung zweier Kräfte, in der Liebe gestärkt, die einem Feind gegenübertreten müssen, der vom Haß geschwächt ist. Sie ist eine Mischung aus weißem und rotem Wein zu einem Getränk von der Farbe der Morgenröte. Sie ist das goldene Glied in einer Kette, deren erstes ein Blick und deren letztes Glied die Ewigkeit ist. Sie gleicht erfrischendem Regen, der vom Himmel auf die heilige Erde fällt, um ihre Kraft zu erneuern.

Und wenn der erste Blick der Geliebten der Saat gleicht, welche die Göttin der Liebe ins Feld des Herzens streut, und der erste Kuß von ihren Lippen wie die erste Blüte am Zweig des Lebens ist, so gleicht die Vereinigung der ersten Frucht aus der ersten Blüte dieser Saat.

Das Haus des Glückes

Als mein Herz erschöpft war, nahm es Abschied von mir und machte sich auf zum Haus des Glückes.

Nachdem es dieses Heiligtum erreicht hatte, blieb es verwirrt und ratlos stehen, denn es sah dort nicht, was es sich immer vorgestellt hatte.

Es sah weder Macht noch Wohlstand und keinen Herrscher. Es sah nur einen schönen Jüngling, seine Gefährtin, die Tochter der Liebe, und ihr Kind, die Weisheit.

Da wandte sich mein Herz an die Tochter der Liebe und fragte:

«Wo ist die Zufriedenheit, Tochter der Liebe? Ich habe gehört, daß sie dieses Haus mit euch bewohnt.»

Sie antwortete: «Die Zufriedenheit ist fortgegangen, um in den Städten zu predigen, wo Korruption und Begierde herrschen. Und wir brauchen sie hier nicht, denn das Glück sucht nicht Zufriedenheit. Das Glück verlangt nach Vereinigung, während die Zufriedenheit die Ablenkung sucht, die vom Vergessen lebt. Die unsterbliche Seele ist nie zufrieden. Sie strebt nach Vollkommenheit, und die Vollkommenheit gibt es in der Unendlichkeit.»

Dann sagte mein Herz zum Sohn der Schönheit:

«Zeig mir das Geheimnis der Frau, o Schönheit, und erhelle meinen Verstand mit deiner Erkenntnis!»

Er erwiderte: «Die Frau ist wie du, menschliches Herz, und wie du warst, so war sie. Sie ist auch wie ich, und wo ich bin, da ist sie. Sie gleicht der Religion, bevor sie von Unwissenden entstellt wurde. Sie ist wie der Vollmond, wenn die Wolken ihn nicht verhüllen, und wie

die Brise, bevor der Hauch der Verdorbenheit sie berührte.»

Dann wandte sich mein Herz an die Weisheit, die Tochter
der Liebe und der Schönheit, und bat:

«Gib mir Weisheit, damit ich sie den Menschen bringe!»

Sie antwortete: «Sag ihnen, daß das Glück im Allerheiligsten der Seele beginnt und nicht von außen kommt!»

Die Stadt der Vergangenheit

Das Leben stand mit mir am Fuße des Berges der Jugend und zeigte auf das, was hinter uns lag. Ich schaute zurück und erblickte eine merkwürdige Stadt im Herzen der Ebene, in der Fantome aus bunten Dämpfen wirbelten, von einem Schleier feinen Nebels verhüllt.

Ich fragte: «Was ist das, o Leben?»

«Das ist die Stadt der Vergangenheit. Schau sie dir gut an!»

Ich betrachtete sie aufmerksam und sah folgendes:

Werkstätten, die sich wie Riesen unter den Flügeln des Schlafes ducken...

Heiligtümer der Worte, umkreist von Seelen, die vor Verzweiflung schreien oder vor Freude singen...

Tempel der Religionen, erbaut von der Zuversicht und vom Zweifel zerstört...

Minarette des Denkens, die in den Himmel ragen wie ausgestreckte Hände, die um Almosen bitten...

Straßen des Begehrens, die Flüssen gleich durch die Täler fließen...

Schatzkammern der Geheimnisse, gehütet von der Verschwiegenheit und geplündert von der Neugier...

Türme des Fortschritts, die der Mut erbaute und die Furcht abriß...

Paläste der Träume, in den Nächten erbaut und vom Erwachen verwüstet...

Hütten der Bescheidenheit, welche die Schwachheit bewohnt...

Nischen der Einsamkeit, wo die Selbstverleugnung zu Hause ist...

Treffpunkte des Wissens, von der Erkenntnis beleuchtet und vom Unwissen verdunkelt ...

Weinschenken der Liebe, in denen sich Verliebte berauschen, während die Nüchternen sie verspotten ...

Bühnen, auf denen das Leben seine Stücke spielt; dann kommt der Tod und beendet die Tragödien ...

Diese Stadt der Vergangenheit erschien mir fern und nah zugleich, ebenso sichtbar wie unsichtbar.

Und das Leben sagte zu mir, während es weiterging: «Folge mir! Wir verweilten lange.»

Ich fragte: «Wohin, o Leben?»

«Zur Stadt der Zukunft!»

Ich sagte: «Hab Erbarmen mit mir! Der Weg erschöpfte meine Kräfte, und die Steine verwundeten meine Füße.»

«Komm!» entgegnete das Leben, «nur der Unwissende blickt zurück zur Stadt der Vergangenheit.»

Begegnung

Als die Nacht ihr Werk vollendet hatte, das Gewand des
Himmels mit den Juwelen der Sterne zu schmücken, stieg
eine Nymphe mit unsichtbaren Flügeln aus dem Tale des
Nils auf. Sie setzte sich auf einen Thron aus Wolken, der
sich über dem Mittelmeer erhob und den das Licht des
Mondes silbern färbte. Vor ihr schwebte ein Chor von
Geistern, der sang:
«Heilig, heilig, heilig, o Tochter Ägyptens, die ganze
Erde ist erfüllt von deiner Herrlichkeit!»
Und aus einer Wasserquelle im Walde der Zedern er-
schien die Gestalt eines Jünglings, umgeben von Seraphi-
nen. Er setzte sich neben die Nymphe auf den Thron,
während die Geister vor ihnen schwebten und sangen:
«Heilig, heilig, heilig, dem Jüngling aus dem Libanon!
Sein Ruhm erfüllt alle Zeiten.»
Und als der Jüngling die Hand seiner Geliebten ergriff
und ihr in die Augen sah, trugen der Wind und die Wellen
ihr Zwiegespräch bis an die Enden der Welt:
«Wie vollkommen ist deine Schönheit, Tochter der Isis,
und wie groß ist meine Liebe zu dir!»
«Es gibt keinen schöneren unter den Jünglingen, o Sohn
Astartes, und wie groß ist mein Verlangen nach dir!»
«Meine Liebe zu dir ist gewaltig wie die Pyramiden,
meine Geliebte, und die Jahrhunderte vermögen sie nicht
auszulöschen.»
«Meine Liebe zu dir ist so erhaben wie die Zedern, Geliebter, und die Elemente können sie nicht besiegen.»
«Die Weisen der Völker kommen vom Sonnenaufgang

und vom Sonnenuntergang, um von deiner Weisheit zu lernen, Geliebte!»

«Und die Mächtigen dieser Erde kommen aus allen Himmelsrichtungen, um vom Wein deiner Schönheit zu kosten, Geliebter!»

«Wahrlich, deine Handflächen sind eine Quelle reicher Schätze, welche die Speicher füllen!»

«Deine Arme sind Quellen kühlen Wassers, Geliebter, und dein Atem ist eine erfrischende Brise!»

«Die Paläste des Nils und seine Tempel verkünden deine Ehre, Geliebte, und die Sphinx erzählt von deiner Größe.»

«Die Zedern sind ein Orden an deiner Brust, ein Zeichen deines Ruhms, Geliebter, und die Türme, die dich umgeben, berichten von deiner Macht und Größe.»

«Wie schön ist deine Liebe, Geliebte, und wie süß ist die Hoffnung auf deine Ekstase.»

«Welch großzügiger Freund und welch vollkommener Gatte bist du, Geliebter! Wie herrlich sind deine Geschenke, wie kostbar deine Gaben! Du sandtest uns junge Männer, und sie sind wie ein Erwachen aus tiefem Schlaf. Einen Ritter schicktest du uns, und er besiegte die Schwachen meines Volkes, einen Gelehrten, der mein Volk aufrichtete, und einen Edlen, der es anspornte.»

«Ich gab dir Samen, und sie wurden zu Blumen, Setzlinge, und sie wurden Bäume, denn du bist ein jungfräuliches Feld, Geliebte, auf dem Rosen und Lilien wachsen, Zedern und Zypressen.»

Geheimnisse des Herzens

In einem prächtigen Schloß, das unter den Fittichen der Nacht dastand wie das Leben im Schatten des Todes, saß eine junge Frau an einem Schreibtisch aus Elfenbein. Sie stützte ihren schönen Kopf auf ihre Hände – wie sich eine welke Lilie auf ihre Blätter stützt. Und mit den Blicken eines verzweifelten Gefangenen, der die Mauern seines Kerkers zu durchdringen sucht, um das Leben auf der Bühne der Freiheit zu sehen, schaute sie auf das, was sie umgab.

Die Stunden vergingen wie Fantome der Finsternis, während die junge Frau sich weinend ihrer Einsamkeit und ihrem Kummer überließ. Als die Heftigkeit der Gefühle ihr Herz zu zersprengen und den Schatz ihrer geheimen Gedanken zu enthüllen drohte, nahm sie eine Feder und schrieb auf ein Pergament, auf dem sich die Tinte mit ihren Tränen vermischte:

«Meine liebe Schwester,

wenn das Herz übervoll ist von seinen Geheimnissen, die Augenlider feucht sind von heißen Tränen, und wenn die im Herzen angestauten Dinge die Rippen fast zersprengen, bleibt für eine Frau nichts anderes, als ihren Kummer in Worte zu fassen, durch die der Betrübte Erleichterung findet, der Bedrückte Mitgefühl und der Liebende Trost.

So schreibe ich dir denn wie ein Dichter, der die Schönheit in allen Dingen wahrnimmt und sie – beflügelt von göttlicher Eingebung – besingt, oder ich schreibe dir wie ein armes Kind, das – getrieben von seinem Hunger – um Hilfe bittet, ohne auf seine Mutter Rücksicht zu nehmen.

Vernimm meine schmerzvolle Geschichte, liebe Schwester, und weine mit mir, denn die Tränen des Mitleids sind eine gute Tat, die nicht vergeblich ist und die aus den Tiefen einer mitfühlenden Seele kommt.

Mein Vater vermählte mich mit einem reichen und ehrenhaften Mann; wie alle reichen Väter war er aus Furcht vor der Armut stets bestrebt, den Besitz zu vergrößern, und aus Furcht vor Schmach umgab er sich nur mit Leuten seines Standes.

So wurde ich mit meiner Sehnsucht und meinen Träumen ein Opfer auf dem Altar des Goldes, das ich verachte, und der Ehre, die ich geringschätze. Ich wurde eine zitternde Beute in den Krallen der Materie, die – wenn sie nicht dazu angetan ist, dem Geist zu dienen – grausamer ist als der Tod und schrecklicher als der Abgrund.

Ich respektiere meinen Gatten, denn er ist großzügig und ehrenwert. Er ist bemüht, mich glücklich zu machen, und gibt sein Geld aus, um mir Freude zu bereiten. Aber ich weiß nun, daß alle diese Dinge nichts bedeuten im Vergleich zu einem Augenblick wahrer heiliger Liebe, jener Liebe, neben der alles andere wertlos ist.

Spotte nicht über mich, Schwester, denn ich kenne nun die Bedürfnisse des Herzens einer Frau, dieses unruhigen Herzens, das wie ein Vogel am Firmament der Liebe schwebt; es ist ein Gefäß, das überläuft vom Wein der Jahrhunderte, bestimmt für die durstigen Lippen der Seele; es ist wie ein Buch, das Kapitel voller Glück und voller Trauer enthält, Kapitel von Lust und Leid, von Freude und Trauer; niemand vermag dieses Buch zu lesen als der Lebensgefährte, als die andere Hälfte der Frau, die seit Anbeginn und für die Ewigkeit für sie geschaffen wurde . . .

Ich wurde eingeweiht in die Geheimnisse der Seele einer Frau, seitdem ich erkannte, daß weder die Pferde und Karossen meines Mannes noch seine vollen Schatztruhen und sein hoher Rang nicht so viel wert sind wie ein einziger Blick aus den Augen jenes Jünglings, der meinetwegen in dieses Leben kam und der die Qualen der Trennung erleiden muß, während er geduldig auf mich wartet. Durch den Willen meines Vaters wurde er zu einem Gefangenen, der die Tage seines Lebens schuldlos in der Finsternis eines engen Kerkers verbringt . . .

Versuche nicht, mich zu trösten, meine Schwester, denn es gibt für mich auf Erden keinen Trost außer der Wahrnehmung der Macht meiner Liebe und des Wissens um die Würde meiner Sehnsucht und meines Verlangens. Durch meine Tränen blicke ich auf mein Schicksal, das mich mit jedem Tag dem Ort näherbringt, wo ich den Begleiter meiner Seele erwarten werde und wo wir uns in einer langen und heiligen Umarmung begegnen werden.

Tadle mich nicht, denn ich tue meine Pflicht als treue Gattin und unterwerfe mich geduldig den menschlichen Gesetzen und Gebräuchen. Ich achte und ehre meinen Gemahl, aber es ist mir nicht möglich, ihm meine Liebe zu schenken, denn Gott gab sie meinem Geliebten, noch bevor ich ihn kennenlernte.

Der Himmel wollte in seiner verborgenen Weisheit, daß ich mein Leben mit einem anderen Mann teile als mit demjenigen, für den ich geschaffen wurde. So werde ich dieses Leben nach dem Willen des Himmels verschwenden. Doch wenn sich die Tore der Ewigkeit öffnen, dann werde ich auf die Vergangenheit zurückschauen – und diese Vergangenheit ist die augenblickliche Gegenwart –, wie der Frühling auf den Winter blickt; und ich werde dieses Leben betrachten wie jemand, der den Gipfel eines Berges erreicht hat und nun auf die Hindernisse des steilen Weges zurückschaut . . .»

Hier hielt die junge Frau im Schreiben inne, verbarg ihr Gesicht in ihren Händen und weinte bitterlich, als ob es ihrer Seele widerstrebte, dem Papier das Heiligste ihrer Geheimnisse anzuvertrauen . . .

Nach einer Weile griff sie wieder zur Feder und fuhr fort zu schreiben:

«Erinnerst du dich noch an jenen Jüngling, meine Schwester? Erinnerst du dich an den Glanz seiner Augen und an die Traurigkeit, die ihm auf die Stirn geschrieben war? Erinnerst du dich an sein Lächeln, das den Tränen einer Mutter glich, die von ihrem Kind getrennt ist? Und kannst du dich noch seiner Stimme entsinnen, die wie das Echo aus einem fernen Tale klang . . . und seines Blickes, wenn er über etwas nachdachte. Wenn er dann zu sprechen begann, senkte er seinen Kopf, als ob er befürchtete, daß seine Worte offenbaren könnten, was in seinem Herzen verborgen ist. Und seine Träume und Überzeugungen erst! So viele Qualitäten besaß dieser Jüngling, den andere für ihresgleichen hielten und den mein Vater geringschätzte, weil seine Werte nicht materieller Art waren und weil seine Ehre erhabener war als die, welche ihm seine Vorväter vererbten.

Du weißt, meine Schwester, daß ich ein Opfer der wertlosen irdischen Güter und der Unwissenheit dieser Welt bin. Hab Mitleid mit deiner Schwester, die in der Stille der Nacht wacht und dir die Geheimnisse ihres Herzens enthüllt . . . Ich bin sicher, daß ich dein Mitgefühl habe, denn auch dein Herz hat die Liebe erfahren.»

Der Morgen kam, und die junge Frau erhob sich vom Schreibtisch und überließ sich dem Schlaf; vielleicht schenkte er ihr freundlichere Träume als die Träume des Wachens.

Die blinde Gewalt

Der Frühling kam, löste die Zungen der Bäche und Ströme und erfreute durch ihr Geplauder das Herz der Menschen; die Natur lächelte von den Lippen der Blumen und beglückte so der Menschen Seelen.

Plötzlich geriet die Natur in Zorn; sie zertrümmerte die schöne Stadt und machte sie dem Erdboden gleich. Und die Menschen vergaßen die Süße ihrer Worte und ihr sanftes Lächeln.

Blinde Gewalt vernichtete in einer Stunde, was Generationen aufgebaut hatten. Der Tod raffte die Menschen dahin, und was er übrigließ, verschlang ein Feuer, das sich schnell verbreitete. Die entfesselte Natur verwüstete der Menschen Häuser und zerstreute in einem Moment, was sie mit Bedacht gesammelt hatten. Die Erde wurde von einem heftigen Erdbeben erschüttert, und unter Schmerzen gebar sie Zerstörung und Verzweiflung.

Während all dies geschah, schaute der Geist nachdenklich und betroffen aus der Ferne zu. Er sann nach über die begrenzte Kraft der Menschen, die vor Tod, Feuer und Zerstörung flohen, und er suchte in Gedanken die Feinde des Menschen, die sich unter der Erde und in der Luft verbargen. Er litt mit den schreienden Müttern und den hungrigen Kindern und machte sich Gedanken über die Grausamkeit des Schicksals und seine Geringschätzung des Lebens: gestern noch lebten diese Menschen sicher in ihren Häusern, und heute beklagen diejenigen, die dem Tode entronnen sind, die Trümmer ihrer schönen Stadt.

Er mußte darüber nachdenken, wie schnell sich Hoffnung

in Verzweiflung verkehrt, Freude in Trauer und Ruhe in Qual . . .

So schwankte der Geist zwischen Betrachtung und Mitleid. Bald neigte er zum Zweifel an der Gerechtigkeit der göttlichen Gesetze, dann aber besann er sich und flüsterte in die Ohren der Stille:

«Wahrlich jenseits der Schöpfung gibt es eine ewige Weisheit, die aus Katastrophen und Schicksalsschlägen hervorgeht, die wir wahrnehmen und deren gute Früchte wir nicht sehen. Feuer, Sturm und Erdbeben sind für die Erde das, was Haß, Unrecht und Bosheit für das menschliche Herz bedeuten: sie regen sich, treiben ihr Unwesen, und dann beruhigen sie sich wieder. Und aus der Erregung, dem Umtrieb und der Ruhe schaffen die Götter die Erkenntnis, nach der der Mensch sein Leben lang strebt.

Während ich dastand und das Unglück dieses Volkes meine Ohren mit Stöhnen und Wehklagen füllte, erschien vor meinen Augen ein Bild von all den Katastrophen, die sich auf der Bühne der Zeit ereignet hatten. Ich sah die Menschen aller Generationen auf der Erde Schlösser und Tempel errichten, welche die Erde sich kurz darauf wieder einverleibte.

Ich sah die Mächtigen feste Burgen errichten, deren Wände und Eingänge Maler mit Bildern und Ornamenten schmückten, und ich sah Bildhauer Figuren aus dem Felsen schaffen. Dann öffnete die Erde ihren Mund und verschlang alle Schöpfungen aus Künstlerhand. Unerbittlich vernichtete sie alle Figuren und Malereien, zerstörte die prächtigen Wände und Pfeiler und beraubte die Bauten ihres Schmuckes, mit dem die Menschen sie verschönert hatten, indem sie Wiesen aus grünem Stoff schufen, aus Goldfäden den Sand stickten und die Kieselsteine durch Juwelen ersetzten . . .

Inmitten der durch die Katastrophe verursachen Schäden

sah ich den Menschen aufrecht stehen wie einen Riesen, dem die Tollheit der Erde und der Zorn der Elemente nichts anhaben können. Wie eine Lichtsäule stand er in den Ruinen von Babylon und Niniveh, von Palmyra, Bombay und San Franzisko und huldigte der Unsterblichkeit, indem er sagte:

«Möge die Erde nehmen, was ihr gehört! Ich aber bin ohne Ende!»

Zwei Wünsche

In der Stille der Nacht stieg der Tod – von Gott gesandt – auf die schlafende Stadt hinab und ließ sich auf dem höchsten Turm nieder. Er blickte mit seinen durchdringenden Augen durch die Wände der Häuser und sah in ihrem Innern Geister, die auf den Schwingen des Todes schwebten, während ihre Körper dem Schlaf hingegeben waren.

Als das Licht des Mondes beim Nahen der Morgenröte verblaßte, welche die Stadt mit einem zauberhaften Umhang bekleidete, da ging der Tod auf Zehenspitzen durch die Wohnviertel, bis er das Schloß eines reichen Mannes erreichte. Er betrat es, und niemand stellte sich ihm in den Weg. Am Bett des reichen Mannes blieb er stehen und berührte seine Stirn. Erschrocken erwachte der Schläfer, und als er den Tod an seiner Seite erblickte, schrie er:

«Hinweg, schrecklicher Traum! Entferne dich, du böser Geist! Wie kommst du hier ins Haus, du Einbrecher, und was willst du von mir? Ich bin der Herr dieses Hauses, und wenn du nicht sofort verschwindest, werde ich meine Diener und Wächter rufen, damit sie dich in Stücke zerreißen!»

Da trat der Tod näher und sagte mit einer Stimme, die wie Donner klang:

«Ich bin der Tod. Wähle deine Worte, wenn du mit mir sprichst, und sei ehrfürchtig!»

«Was willst du von mir, Tod?» fragte der Reiche. «Warum kommst du ausgerechnet jetzt, wo mein Werk noch unvollendet ist? Was willst du von einem kräftigen und mächtigen Mann wie mir? Geh zu den Kranken und Siechen und verschone mich mit dem Anblick deiner Raubtierkrallen und deiner Haare, die wie Schlangen von deinem Kopf hängen! Geh, denn ich will mir deine gro-ßen Flügel und deinen greisen Körper nicht länger anse-hen!»

Nach einer Weile unerträglichen Schweigens fuhr er fort:

«Nein, nein, barmherziger Tod, achte nicht auf meine Worte, welche die Angst mir eingab und die mein Herz mir verbietet! Nimm von meinem Gold soviel du willst, oder nimm die Seele von einem meiner Sklaven, aber laß mich leben! In meinem Leben blieb noch so vieles unerle-digt: da gibt es Menschen, die mir Geld schulden, und ich muß es noch eintreiben, auf hoher See gibt es zahlreiche Schiffe, die noch nicht in den Hafen eingelaufen sind und ihre Waren noch nicht gelöscht haben, in der Erde ruhen reiche Erträge, die ich noch nicht ernten ließ. Nimm von allem, was du willst, aber laß mich in Ruhe!

Wähle dir eine meiner Konkubinen aus, die so schön sind wie der Morgen. Auch habe ich einen einzigen Sohn, o Tod, der meine große Hoffnung ist. Nimm ihn statt mei-ner. Nimm alles, was du willst und was ich habe, aber laß mich leben!»

Der Tod legte seine Hand auf den Mund dieses Sklaven des irdischen Lebens, nahm ihn und übergab ihn der Luft.

Dann ging er weiter zum Viertel der Armen. Er durch-querte es, bis er eine armselige Hütte erreichte. Er trat ein und stellte sich neben das Bett, in dem ein Jüngling schlief. Nachdem der Tod sein friedliches Gesicht eine Weile betrachtet hatte, berührte er seine Augen, und der Jüngling erwachte.

Als er den Tod an seinem Bett stehen sah, fiel er auf die

Knie nieder, streckte seine Arme nach ihm aus und sagte mit einer Stimme voller Liebe und Sehnsucht:

«Hier bin ich, schöner Tod! Nimm meine Seele, du Ziel meiner Träume und Hoffnungen. Umarme mich, Geliebter meiner Seele! Du bist barmherzig und läßt mich nicht im Stich. Du Bote Gottes und rechte Hand des Schicksals, laß mich nicht hier. Wie lange habe ich dich gesucht, ohne dich zu finden, und wie oft habe ich nach dir gerufen, ohne daß du mich hörtest. Nun bist du da. Weise mich nicht zurück, sondern umarme meine Seele, geliebter Tod!»

Da legte der Tod seine Fingerspitzen sanft auf die Lippen des Jünglings und umfing ihn mit seinen Flügeln.

Und als der Tod wieder in der Luft schwebte, schaute er auf die Erde hinab und sagte:

«Wahrlich, wer nicht aus dem Unendlichen kommt, wird nicht in die Unendlichkeit zurückkehren!»

Das Spielfeld des Lebens

Eine Minute, die erfüllt ist von Eindrücken der Schönheit und von Liebesträumen, ist größer und kostbarer als ein Jahrhundert voll Ehre, welche die Schwachen den Mächtigen erweisen.

Denn in jener Minute offenbart sich das Göttliche im Menschen, während es in jenem Jahrhundert verborgen ist unter einer Decke dunkler Träume.

In jener Minute ist die Seele von der Bürde menschlicher Gesetze befreit, doch in jenem Jahrhundert ist sie gefangen hinter Mauern des Vergessens und gefesselt an Ketten der Unterdrückung.

Jene Minute ist die Wiege von Salomons Lied, von der Bergpredigt und den Gedichten al-Farids, und jenes Jahrhundert gebiert die blinde Gewalt, welche die Tempel von Baalbek, die Paläste von Palmyra und die Türme von Babylon zerstörte.

Ein Tag, den die Seele damit verbringt, den Tod der Rechte des Armen zu beklagen und den Verlust der Gerechtigkeit zu beweinen, ist besser und wertvoller als ein Leben, das ein Mensch damit zubringt, seine Begierden und Wünsche zu befriedigen.

Denn jener Tag reinigt das Herz mit seinem Feuer und erhellt es mit seinem Licht, jenes Leben aber bedeckt es mit seinen dunklen Flügeln und begräbt es unter Erdschichten.

Jener Tag war der Tag der Durchquerung des Roten Meeres, der Tag von Golgatha sowie der Tag der Flucht Mohammads von Mekka nach Medina. Und jenes Leben

war das Leben Neros auf dem Markt des Unrechts, das
Leben Korahs auf dem Altar des Ehrgeizes und das Leben,
das Don Juan im Grab körperlicher Begierden begrub.
Das ist das Leben: die Nächte spielen es auf der Bühne der
Zeit, die Tage singen es als Lied, und die Ewigkeit be-
wahrt es wie eine Perle.

Mein armer Freund

Wenn du wüßtest, mein armer Freund, daß dieselbe Armut, die dich zu einem anspruchslosen Leben zwingt, in dir Gerechtigkeitssinn weckt und dich das Leben verstehen läßt, so wärest du mit deinem Schicksal sicher zufrieden. Ich sagte «Gerechtigkeitssinn», denn den Reichen lenken seine Schätze von der Gerechtigkeit ab, und «Leben», denn der Mächtige vernachlässigt es in seinem Streben nach Ruhm und Ehre.

Freue dich an der Gerechtigkeit, deren Sprachrohr du bist, und über das Leben, dessen Buch du bist. Sei glücklich, denn du bist die Ursache für die Tugend deiner Helfer. Du bist der starke Arm der Tugend derjenigen, die dir beistehen.

Und wenn du wüßtest, mein trauriger Freund, daß das Leid, das dich heimgesucht hat, eben jene Kraft ist, die das Herz erleuchtet und die Seele erhebt, so wärest du froh über diese Heimsuchung; du würdest sie als eine Erzieherin betrachten, die dich lehrt, daß das Leben eine Kette ist, deren Glieder miteinander verbunden sind, und daß die Traurigkeit ein goldenes Glied ist, das sich zwischen der Hingabe ans Heute und der Erwartung des Morgen befindet, so wie das Morgenrot zwischen Schlafen und Wachen.

Die Armut macht die Würde der Seele sichtbar, mein Freund, und der Reichtum enthüllt ihre Verderbtheit. Die Trauer schärft unser Mitgefühl, und die Freude macht es stumpf; denn der Mensch, der im Wohlstand lebt und in der Freude, setzt alles daran, sie zu mehren. Im Namen des Buches tut er Böses, welches das Buch verbietet, und im Namen der Menschlichkeit handelt er unmenschlich.

Wenn Armut und Trauer aus dem Leben verbannt würden, so würde die Seele zu einer Buchseite, die nichts als Zahlen enthält, die auf Selbstsucht und Raffgier schließen lassen, und Zeichen, die von irdischer Lust berichten.

Ich habe das Göttliche überall gesucht und fand es schließlich im Innern des Menschen. Es läßt sich weder durch Reichtum erwerben noch durch irdische Freuden vermehren. Ich sah die Reichen ihre Göttlichkeit verachten und an ihrem Reichtum hängen, und ich sah die Jugend das Göttliche bei ihrer Suche nach irdischen Freuden verraten.

Mein armer Freund, die Stunde, die du nach der Heimkehr vom Feld mit deiner Begleiterin und deinen Kindern verbringst, ist ein Symbol der zukünftigen menschlichen Familie und ein Zeichen des Glückes kommender Jahrhunderte. Das Leben aber, das der Reiche inmitten seiner Schätze verbringt, gleicht dem der Würmer im Grabe und ist ein Symbol der Angst.

Deine Tränen, mein trauernder Freund, sind süßer als das Lachen desjenigen, der vergessen will, und dein Seufzen ist wohlklingender als das Geschrei der Ausgelassenen. Die Tränen reinigen das Herz vom Haß und lehren es, den Schmerz aller gebrochenen Herzen zu heilen. Sie sind die Tränen des Nazaräers.

Die Kraft, mein armer Freund, die du ausgesät hast und die der Reiche ausbeutete, wird zu dir zurückkehren, weil den Gesetzen der Natur zufolge alle Dinge zu ihrem Ursprung zurückkehren. Und die Trauer, die du erlitten hast, wird nach dem Gesetz des Himmels in Freude verwandelt werden.

Die kommenden Jahrhunderte werden von den Armen die Gleichheit und von den Trauernden die Liebe lernen.

Geschichte einer Liebe

In einem einsamen Haus saß ein Jüngling und schaute bald durch das Fenster auf den Sternenhimmel, bald auf das Bild einer Frau, das er in Händen hielt. Die Linien und Farben des Bildes spiegelten sich in seinem Gesicht, auf dem man die Geheimnisse dieser Welt und die verborgenen Dinge der Ewigkeit lesen konnte.

Das Bild zeigte das Gesicht einer Frau, die zu ihm sprach; und seine Augen wurden zu Ohren, welche der Sprache der Geister lauschten, die im Zimmer schwebten und die in den Herzen die Liebe entzünden und sie mit Sehnsucht erfüllen.

So verging eine Stunde wie der Augenblick eines lieblichen Traumes oder wie ein Jahr der Ewigkeit. Dann legte der Jüngling das Bild beiseite, nahm einen Federhalter und ein Blatt Papier und schrieb:

«Geliebte meiner Seele,

die großen, ewigen Wahrheiten lassen sich nicht durch menschliche Worte mitteilen; vielmehr wählen sie das Schweigen als Brücke zwischen den Seelen. Ich fühle, daß das Schweigen dieser Nacht ein Bote zwischen unseren Herzen ist, der Botschaften austauscht, die süßer sind als diejenigen, welche die sanfte Brise auf das Gesicht des Meeres schreibt, ein Bote, der uns die Buchseiten unserer Herzen rezitiert. So wie Gott wollte, daß unsere Seelen sich im Gefängnis unserer Körper befinden, so hat es die Liebe gewollt, unser Fühlen zu Gefangenen unserer Worte zu machen. Man sagt, daß die Liebe sich im Herzen der Liebenden in ein verzehrendes Feuer verwandelt. Ich habe erfahren, Geliebte, daß die Stunde der Trennung nicht die Macht besaß, unsere Seelen zu trennen. Bei unserer ersten Begegnung wußte ich, daß meine Seele dich von Ewigkeit her kennt und daß der erste Blick, der dich wahrnahm, in Wahrheit nicht der erste Blick war. Diese Stunde, Geliebte, die unsere beiden aus der göttlichen Welt vertriebenen Herzen wiedervereinigt hat, gehört zu den seltenen Stunden, die meinen Glauben an die Göttlichkeit der Seelen und ihre Unsterblichkeit aufrechterhielten. In einer solchen Stunde nimmt die Natur die Maske vom Gesicht ihrer begrenzten Gerechtigkeit, die wir für Ungerechtigkeit halten.

O meine Geliebte, erinnerst du dich an jenen Garten, wo wir anhielten, um einer das Gesicht des anderen zu betrachten! Weißt du, daß deine Blicke mir damals verrieten, daß deine Liebe nicht aus Mitleid entspringt. Sie lehrten mich, mir und der Welt zu sagen, daß die Gabe, die aus der Gerechtigkeit erwächst, größer ist als jene, die aus dem Mitleid hervorgeht, und daß die Liebe, die ihren Grund nicht in der Ewigkeit hat, einem stehenden Wasser gleicht.

Vor mir liegt ein Leben, Geliebte, das groß und schön sein soll, an das sich kommende Generationen gern erinnern sollen und das ihre Achtung verdienen möge; ein Leben, das begann, als ich dir begegnete, und das meiner Überzeugung nach ewig ist. Ich glaube, daß deine Liebe fähig ist, die Kräfte wirksam zu machen, die Gott mir anvertraut hat, damit sie sich in Worten und Werken verkörpern, so wie die Sonne die duftenden Blumen des Feldes wachsen und blühen läßt. So wird die Liebe mir und Generationen erhalten bleiben, und sie wird frei bleiben von aller Selbstsucht, um sich auszubreiten und zu erheben über alle Banalitäten des Lebens – und sie dir zu weihen ...»

Der Jüngling stand auf und ging im Zimmer langsam auf und ab. Dann schaute er aus dem Fenster und sah, daß der Mond aufgegangen war und sein silbernes Licht verbreitete. Er kehrte an seinen Platz zurück und schrieb: «Verzeih mir, Geliebte, denn ich sprach zu dir wie zu einer anderen Person! Dabei bist du meine Hälfte, die ich verlor, als wir gleichzeitig aus der Hand Gottes hervorgingen. Verzeih mir, Geliebte!»

Das stumme Tier

*Im Blick eines stummen Tieres ist eine
Sprache, die der Weise versteht.*

Indischer Dichter

Eines Abends, als meine Fantasie meine Vernunft über-
flügelte, lief ich bis zum Stadtrand und blieb vor einem
verlassenen Haus stehen. Seine verfallenen Mauern ließen
darauf schließen, daß die Besitzer das Haus vor langer
Zeit verlassen hatten. Auf einmal bemerkte ich unter
Staub und Asche einen Hund; sein ausgemergelter Körper war von Geschwüren bedeckt und geschwächt von
Krankheit. Er schaute mit traurig verschleierten Blicken
in die untergehende Sonne. Es schien, als wüßte er, daß
sich die Sonne mit dem warmen Atem ihrer Strahlen all-
mählich von diesem verlassenen Platz zurückziehen
würde, wo er weit entfernt war von den Kindern, die das
hilflose Tier quälten.

Ich näherte mich ihm sehr langsam und wünschte mir insgeheim, seine Sprache zu sprechen, um ihn in seinem
Kummer zu trösten und ihm mein Mitleid auszudrücken.
Als ich nähertrat, erschrak er. Mit dem Rest der Kraft, die
noch in ihm war, versuchte er zu entfliehen. Doch Krankheit und Siechtum hatten ihn so geschwächt, daß es ihm
nicht gelang aufzustehen. Da sah er mich mit einem Blick
an, in dem sich bittere Vorwürfe und die Bitte um Erbarmen vermischten, mit einem Blick voll Sanftmut und Tadel, der beredter war als alle Worte und ausdrucksvoller
als die Sprache der Männer und die Tränen der Frauen.
Und als meine Blicke sich mit seinen traurigen Blicken
trafen, war ich erschüttert. Seine Blicke verwandelten
sich in Worte, wie sie unter Menschen gebräuchlich sind;
und diese Worte sagten folgendes:

«Es ist genug. Genug, was ich durch die Grausamkeit
der Menschen ertragen habe an Verfolgungen, Krankheit und Leid. Geh und laß mich in Frieden! Ich will
noch einige Augenblicke meines Lebens ruhig unter den
wärmenden Strahlen der Sonne verbringen. Ich floh vor
den Menschen und ihrer Herzenshärte und nahm Zuflucht zur Asche, die sanfter ist als des Menschen Herz.
Ich zog mich zurück in diese Ruinen, die weniger einsam
sind als die Seele des Menschen. Geh weg von mir, denn
du bist einer von den Bewohnern dieser Erde, die keine
Gerechtigkeit kennt...

Ich bin nur ein verachtetes Tier, aber ich habe dem
Menschen treu gedient. Ich war für ihn ein ergebener
Begleiter und ein Wächter für sein Haus. Ich teilte seine
Traurigkeit und war glücklich, wenn er sich freute.
Ich erinnerte mich an ihn, wenn er abwesend war, und
hieß ihn freudig willkommen, wenn er heimkehrte.
Mir genügten die Reste von seinem Tisch, und ich
freute mich über einen Knochen, den er mir zu-
warf. Doch als ich alt und schwach wurde und die
Krankheit mich überfiel, jagte er mich aus seinem
Haus und machte mich zum Spielzeug der grausamen
Jungen des Viertels und zur Zielscheibe für Bosheit und
Schmutz.

Ich bin nur ein hilfloses Tier; aber mir ergeht es
wie vielen deiner menschlichen Brüder, wenn ihre Kraft
sie verläßt und Gesundheit und Wohlstand schwinden.
Ich bin wie der Soldat, der in seiner Jugend die Heimat
verteidigt, im Mannesalter die Felder bestellt und im
Winter seines Lebens verlassen und vergessen ist, oder
wie eine Frau, die sich als junges Mädchen schmückt,
um das Herz der Jünglinge zu erfreuen, die als Ehe-
frau in den Nächten wacht, um ihre Kinder aufzuziehen
und zu guten Menschen zu erziehen; wenn sie aber alt

ist, wird sie vergessen und verachtet. Wie ungerecht bist du, o Mensch, und wie grausam!»

So sprachen die Blicke dieses Tieres. Mein Herz verstand sie, und meine Seele schwankte zwischen Mitleid mit dem Tier und Reflexionen über die Kinder meiner Rasse. Als er seine Augen schloß, wollte ich ihn nicht stören und ging leise weg.

Frieden

Der Sturm beruhigte sich, nachdem er Pflanzen und Zweige gezwungen hatte, sich vor ihm zu verbeugen. Die Sterne erschienen wie verstreute Reste der Blitze an der Oberfläche des Himmels. Die Felder schwiegen, als ob der Krieg der Elemente nicht stattgefunden hätte.

Da betrat ein junges Mädchen ihren Raum, warf sich auf ihr Bett und weinte bitterlich. Dann seufzte sie und rief:

«Bring ihn mir zurück, o Herr, denn meine Tränen sind versiegt und mein Herz ist geschmolzen! Bring ihn mir zurück, o Geist, der mit einer Weisheit richtet, die den Verstand des Menschen übersteigt! Die Ausdauer hat mich verlassen, und Verzweiflung beherrscht mich. Befreie ihn aus den Krallen des Krieges! Rette ihn aus den Händen des Todes! Hab Erbarmen mit einem schwachen Jüngling, der ein Opfer der Gewalt der Mächtigen wurde, die ihn mir geraubt haben.

Besiege deinen Feind, den Krieg, o Liebe, und rette meinen Geliebten, denn er ist einer deiner Söhne. Entferne dich von ihm, Tod, und laß ihn mich wiedersehen, oder komm und bring mich ihm!»

In diesem Augenblick trat ein Jüngling ein, dessen Kopf einen weißen Verband trug, auf den der Krieg mit roten Buchstaben geschrieben hatte. Er näherte sich dem jungen Mädchen mit Lächeln und Tränen. Dann nahm er ihre Hand und legte sie an seine brennenden Lippen. Mit einer Stimme, in der sich Liebesleid und Wiedersehensfreude mischten, sagte er:

«Erschrick nicht, denn derjenige, um den du weinst, ist

zurückgekehrt! Freu dich vielmehr, denn der Friede bringt dir wieder, was der Krieg genommen hat, und der Sohn der Menschlichkeit gibt dir zurück, was der Sohn der Habgier dir geraubt hat. Trockne deine Tränen, Geliebte, und lächle, denn es gibt Menschen, die Mitleid empfinden, wenn die Grausamkeit der Mächtigen sich ausbreitet. Wundere dich nicht, daß ich lebendig aus dem Krieg zurückkehre, denn die Liebe trägt ein Zeichen, vor dem der Tod flieht, wenn er es erblickt; und der Feind, der es sieht, ist besiegt.

Ich bin es! Halte mich nicht für einen Geist, der aus der Welt der Wünsche kommt und einen Ort aufsucht, der von deiner Schönheit und deinem Schweigen erfüllt ist. Fürchte dich nicht, denn ich bin es wirklich, Geliebte!

Ich bin dem Schwert und dem Feuer unversehrt entkommen, damit die Menschen den Sieg der Liebe über den Krieg erkennen. Ich bin ein Wort, das ein Mensch des Friedens gesprochen hat, um als Einleitung zu dienen für den Roman deines Glückes.»

Nach dieser langen Rede schwieg er, und Tränen ersetzten seine Worte. Und während die Engel der Freude über der kleinen Hütte schwebten, nahmen sich die beiden Herzen wieder, was sie bei ihrem Abschied verloren hatten.

Am frühen Morgen standen die beiden in der Mitte eines Feldes, um die Schönheit der Natur zu bewundern. Nach einer Weile des Schweigens, in dem ihre Herzen Zwiesprache hielten, schaute der Soldat gen Osten und sagte zu seiner Geliebten:

«Sieh die Sonne, die aus dem Dunkel aufgeht!»

Der Dichter

Er ist die Verbindung
zwischen dieser und jener Welt,
eine Quelle süßen Wassers
für den Durstigen,
ein Baum am Ufer des Flusses der Schönheit,
der reife Früchte trägt
für hungernde Herzen.

Eine singende Nachtigall ist er,
die auf Zweigen aus Worten hüpft
und Lieder singt,
die das Herz erfreuen,
oder eine weiße Wolke,
die am Abendhimmel erscheint,
sich erhebt und ausdehnt,
bis sie das Firmament füllt,
dann verwandelt sie sich in Regen
und tränkt die Blumen
der Felder des Lebens.

Er ist ein Engel,
den die Götter sandten,
um die Menschen Göttliches zu lehren,
ein helles Licht ist er,
das keine Dunkelheit besiegt
und kein Scheffel verbirgt;
er ist eine Lampe, von Astarte,

der Göttin der Liebe,
mit Öl gefüllt,
das Apoll, der Gott der Musik, verbrannte.

Ein Einsamer ist er,
unscheinbar gekleidet,
der von der Sanftmut lebt;
im Schoße der Natur
lernt er von der Schöpfung;
in der Stille der Nacht wacht er
und wartet auf die Eingebung des Geistes.
Er ist ein Sämann,
der die Samen seines Herzens aussät
in Gärten der Gefühle,
wo sie reiche Frucht tragen.

Die Menschen aber beachten ihn nicht,
solange er unter ihnen lebt.
Sie erkennen ihn erst,
wenn er Abschied nimmt von dieser Welt,
um in seine himmlische Heimat zurückzukehren.
Nichts erwartet der Dichter von ihnen
außer einem Lächeln.
Sein Geist erhebt sich
und erfüllt den Raum
mit Bildern der Schönheit.
Doch die Menschen versagen ihm
Nahrung und Wohnung.

Bis wann, o Mensch,
bis wann, o Welt,
baust du denjenigen Paläste,
welche die Erde mit Blut beflecken,

und du geizt mit denen,
die dir das Beste ihrer Seele schenken,
ihren Frieden und ihre Sanftmut?

Bis wann wirst du das Morden preisen
und die Menschen feiern, die ihren Nacken
unter das Joch der Sklaverei beugen,
während du jene vergißt,
die das Licht ihrer Augen
ins Dunkel der Nacht verströmen,
um dir die Schönheiten des Tages zu zeigen;
sie verbringen ihr Leben
in den Fallstricken des Unglücks,
um dir den Weg zum Glück zu weisen.

O Dichter,
ihr seid das Leben des Lebens!
Ihr habt Jahrhunderte beherrscht
trotz ihrer Tyrannei!
Ihr habt Lorbeerkränze gewonnen,
den Dornen der Verblendeten zum Trotz!
Ihr herrscht über die Herzen,
und eure Herrschaft hat kein Ende.

Mein Geburtstag

(geschrieben in Paris, am 6. Dezember 1908)

An diesem Tag hat mich meine Mutter geboren.
Heute vor 25 Jahren legte mich die Stille in die Hände dieses Seins, das angefüllt ist mit Geschrei, Kampf und Wettstreit. 25 Male bin ich nun um die Sonne gekreist, und ich weiß nicht, wie oft der Mond mich eingekreist hat. Bis jetzt habe ich weder die Geheimnisse des Lebens entschleiert noch die verborgenen Tiefen der Dunkelheit entdeckt.

25 Male habe ich mit der Erde, dem Mond und den Planeten das allumfassende Gesetz umkreist. Und sieh, wie mein Geist die Worte dieses Gesetzes murmelt, wie Muscheln, die die Musik der Wellen des Meeres wiedergeben. Mein Sein ist in seinem Sein geborgen, ohne sein Wesen zu kennen, und es singt das Lied seiner Ebbe und Flut, ohne ihn zu begreifen.

Vor 25 Jahren schrieb mich die Hand der Zeit als ein Wort in das Buch dieser fremden, erschreckenden Welt. Sieh mich an, ein mehrdeutiges Wort von unbestimmter Bedeutung, bald nichts bedeutend, bald vieles andeutend.

Wie immer an diesem Tag des Jahres verdrängen Gedanken, Überlegungen und Erinnerungen einander in meiner Seele. Sie ziehen an mir vorbei wie Prozessionen aus vergangenen Tagen und rufen mir längst vergessene Bilder meiner Nächte ins Gedächtnis zurück. Dann zerstreuen sie sich, wie Winde die wandernden Wolken in der Dämmerung vertreiben. Sie schwinden dahin und lösen sich auf in den Winkeln meines Raumes wie die Lieder der Flüsse in entlegenen unbewohnten Tälern.

Alljährlich erscheinen an diesem Tag die Geister derjenigen, die meinen Geist geprägt haben, und sie eilen zu mir von allen Enden dieser Erde und umgeben mich mit Melodien traurig stimmender Erinnerungen. Dann ziehen sie sich leichtfüßig zurück hinter sichtbare Dinge wie Scharen von Vögeln, die auf eine verlassene Tenne herabfliegen, und wenn sie dort kein Korn finden können, eine Weile umherflattern, bevor sie zu einem anderen Platz fliegen.

An diesem Tag sehe ich die Bedeutung meines vergangenen Lebens vor mir wie einen kleinen Spiegel, in den ich lange hineinschaue und in dem ich nichts sehen kann als die verblaßten Gesichter der Jahre – Gesichtern von Toten gleich – und die darin eingeprägten Züge von Hoffnungen, Träumen und Leidenschaften wie in den runzeligen Gesichtern alter Menschen.

Dann schließe ich meine Augen und schaue ein zweites Mal in den Spiegel, und ich sehe nur mein Gesicht. Während ich es betrachte, entdecke ich darin eine Traurigkeit. Ich befrage diese Traurigkeit, doch sie bleibt stumm und gibt mir keine Auskunft. Könnte sie aber sprechen, so würde sie sagen, daß sie süßer ist als die Freude.

Vieles habe ich in diesen 25 Jahren geliebt. Und vieles, was ich geliebt habe, ist den Menschen hassenswert; und vieles, was ich gehaßt habe, ist für sie bewundernswert. Was ich als Junge liebte, liebe ich noch immer; und was ich jetzt liebe, werde ich bis zum Ende meiner Tage lieben. Denn die Liebe ist das Höchste, das ich erreichen kann, und niemand kann mich dieses Schatzes berauben.

Vielmals habe ich den Tod geliebt; ich habe ihn mit wohlklingenden Namen gerufen und ihn insgeheim und vor anderen besungen. Auch das Leben habe ich geliebt, denn Tod und Leben sind für mich gleich in ihrer Schönheit und ähnlich in ihren Wonnen. Sie haben gleichen Anteil an meinem Sehnen und Verlangen, und ihnen beiden gehört meine Liebe und Zuneigung.

Ich habe die Freiheit geliebt, und meine Liebe wuchs in dem Maße, wie mein Wissen über die Verstricktheit der Menschen in Lüge und Betrug zunahm. Meine Liebe zu ihr wurde um so größer, je mehr mir ihre Unterwerfung unter Idole bewußt wurde, die von dunklen Zeiten geschaffen, von der Torheit erhöht und durch die Berührung anbetender Lippen poliert wurden.

Aber auch diese Anbeter von Idolen habe ich mit meiner grenzenlosen Liebe geliebt. Ja, ich hatte Mitleid mit ihnen, denn sie sind blind: sie küssen die blutigen Lippen einer Bestie, ohne zu sehen, sie saugen das Gift der Schlangen ein, ohne es zu fühlen, und sie graben ihre eigenen Gräber mit ihren Fingernägeln, ohne es zu wissen.

Die Freiheit habe ich mehr als alles andere geliebt. Sie erschien mir wie ein Mädchen, das am Alleinsein erkrankt ist und von der Einsamkeit geschwächt wurde, bis von ihr nichts mehr übrigblieb als ein Schatten, der an den Häusern vorbeischleicht; manchmal spricht sie die Vorübergehenden an, die sie weder hören noch beachten.

Wie alle Menschen habe ich in meinen 25 Jahren das Glück geliebt. Kaum erwachte ich am Morgen, so suchte ich es, wie es alle tun. Doch ich konnte es auf ihren Wegen nicht finden, ja ich sah nicht einmal seine Fußspuren auf dem Sand vor ihren Häusern, noch hörte ich das Echo seiner Stimme aus ihren Tempeln dringen.

Aber als ich das Glück in der Einsamkeit suchte, flüsterte meine Seele in mein Ohr: «Glück ist ein Kind, das in den Tiefen des Herzens geboren wird, es kommt nicht von außerhalb!»

Und als ich mein Herz öffnete, um das Glück zu finden, sah ich darin seinen Spiegel, sein Lager und seine Gewänder. Das Glück selber konnte ich nicht finden.

Ich habe alle Menschen geliebt, sogar sehr habe ich sie geliebt. Meiner Ansicht nach kann man sie in drei Gruppen einteilen: die einen verwünschen das Leben, die anderen segnen es, und wieder andere beobachten es. Die ersten liebte ich wegen ihrer Hoffnungslosigkeit, die anderen wegen ihrer Großmut und die dritten ihres Verständnisses wegen.

So vergingen 25 Jahre, und meine Tage und Nächte eilten vorüber, einander auf den Fersen folgend. Und die Tage fielen von meinem Leben ab wie die Blätter eines Baumes im Herbstwind.

Und heute, heute stehe ich – mich erinnernd – wie ein müder Wanderer in der Mitte des ansteigenden Weges; ich schaue mich um und sehe in meinem Leben nichts, worauf ich im Angesicht der Sonne mit meinem Finger zeigen und behaupten könnte: «Dies gehört mir!» Und ich finde in den Jahreszeiten meines Lebens statt der Früchte des Herbstes nur Blätter, gefärbt mit Tintentropfen und seltsamen, verstreuten Zeichnungen aus Linien und Farben, bald gegensätzlich, bald harmonisch aufeinander abgestimmt. In diese zerstreuten Blätter und Zeichnungen habe ich meine Gefühle, Gedanken und Träume begraben, wie der Bauer die Samen der Erde anvertraut.

Aber der Sämann, der auf die Felder geht und die Saat ausstreut, kehrt abends hoffnungsvoll in sein Haus zurück und erwartet die Ernte im Herbst. Ich aber habe die Saat meines Herzens ausgesät, ohne etwas zu erhoffen oder zu erwarten.

Und jetzt, wo ich bis zu diesem Abschnitt meines Lebens gelangt bin und die Vergangenheit hinter einem Dunst von Seufzern und Klagen sehe und die Zukunft durch den Schleier der Vergangenheit, jetzt stehe ich hier und blicke von meinem Fenster aus auf das Leben. Ich betrachte die Gesichter der Menschen, deren Stimmen zu mir heraufdringen. Ich höre ihre Schritte zwischen den Häusern und fühle die Berührung ihres Geistes, die Wellen ihres Verlangens und das Klopfen ihrer Herzen...

Dann wandern meine Blicke auf das, was hinter dieser Stadt liegt, und ich sehe das unbewohnte Land in seiner erhabenen Schönheit mit seinen schweigenden Stimmen, den leicht ansteigenden Hügeln und den weiten Feldern, den aufrecht stehenden Bäumen und dem sich wiegenden Gras mit den duftenden Blumen, den rauschenden Flüssen und den singenden Vögeln.

Ich blicke auf das, was hinter dem unbewohnten Land liegt, und ich sehe das Meer, die Wunder seiner Tiefen und die geheimen Schätze, die es in sich birgt, seine trotzig schäumenden Wellen, seine Gischt, das Steigen und Fallen der Wellen; all das sehe ich.

Meine Blicke wandern bis zu dem, was hinter dem Meer liegt, und ich sehe das grenzenlose Firmament mit den zahlreichen im Weltraum kreisenden Welten, die leuchtenden Sterne, die Sonnen und Monde, die Planeten und Fixsterne und alle entgegenstreitenden und sich versöhnenden Mächte von Anziehung und Abstoßung, geschaffen und getragen von dem zeit- und grenzenlosen Willen, sich dem universellen Gesetz unterwerfend, dessen Anfang ohne Anfang und dessen Ende ohne Ende ist.

Und während ich durch mein Fenster schaue und über diese Dinge nachdenke, vergesse ich die 25 Jahre und die Jahrhunderte, die ihnen vorausgingen, sowie die Jahrhunderte, die ihnen folgen werden. Und mein Sein mit allem, was darin offenbar und verborgen ist, erscheint vor mir wie der Seufzer eines Kindes, der in der Leere der urewigen Tiefen des end- und grenzenlosen Weltraums erzittert. Doch ich empfinde das innere Wesen dieses Stäubchens, dieses Selbst, das ich «Ich» nenne, ich spüre seine

Bewegung und höre sein Seufzen. Und nun hebt es seine Flügel, streckt seine Hände in alle Richtungen aus und schwebt zitternd an diesem Tag, der es ins Leben rief. Und mit einer Stimme, die aus seinem Allerinnersten kommt, ruft es:

Sei gegrüßt, du Leben! Sei gegrüßt, du Erwachen! Sei gegrüßt, du Vision!

Dich grüße ich, o Tag, dessen Licht die Dunkelheit der Erde besiegte, und dich grüße ich, o Nacht, deren Dunkelheit das Licht des Firmaments offenbart!

Friede sei dir, o Frühling, der die Jugend der Erde erneuert, dir o Sommer, der die Macht der Sonne verkündet; Friede dir, o Herbst, der die Früchte der Mühe schenkt und die Anstrengung belohnt, und dir o Winter, der mit seinen Gewittern und Stürmen die Kraft der Natur veranschaulicht!

Friede den Jahren, die enthüllen, was andere Jahre verborgen haben! Friede den Jahrhunderten, die den Schaden von Jahrhunderten wiedergutmachen!

Sei gegrüßt, o Zeit, die uns der Vollendung entgegenbringt, und du o Geist, der du der Herrscher über das Leben bist, verborgen hinter dem Schleier der Sonne!

Frieden und Gruß dir, o Herz, denn du denkst mit Tränen in den Augen an den Frieden, und euch Lippen, die ihr vom Frieden sprecht, obgleich ihr Bitterkeit kostet!

Des Kindes Liebe

Gestern war ich allein auf dieser Welt, Geliebte, und die Einsamkeit war grausamer als der Tod. Ich war verlassen wie eine Blume, die im Schatten hoher Felsen aufwächst; weder wußte das Leben etwas von mir, noch wußte ich etwas vom Leben.

Heute erwachte meine Seele, als ich dich neben mir sah. Ich war verwirrt und erfreut. Dann fiel ich vor dir nieder wie der Hirte, als er den brennenden Dornbusch erblickte.

Gestern war die Berührung des Windes rauh, die Strahlen der Sonne waren schwach, und Nebel verhüllte das Gesicht der Erde; das Rauschen der Meereswellen glich grollendem Donner.

Ich blickte in alle Himmelsrichtungen und sah nichts außer meinem leidenden Selbst; da senkten sich die Schatten der Dunkelheit auf mich herab wie hungrige Raben . . .

Heute aber ist die Luft leicht und heiter, die Natur ist in Licht gebadet, die Wellen des Meeres haben sich beruhigt, und die dunklen Wolken sind zerstreut. Wo immer ich hinschaue, sehe ich dich und die Geheimnisse des Lebens, die dich umgeben wie die Kreise, die ein Vogel auf der Oberfläche des Wassers verursacht, wenn er darin badet.

Gestern war ich ein stummes Wort im Herzen der Nacht; heute bin ich ein fröhliches Lied auf den Lippen des Tages.

Die Wandlung vollzog sich in einer einzigen Minute durch einen Blick, ein Wort, einen Seufzer, einen Kuß . . .

Diese Minute, Geliebte, verband in meiner Seele das Vergangene mit dem Zukünftigen. Sie war wie eine weiße Rose, die aus dem Schoß der dunklen Erde ans Tageslicht kommt. Diese Minute ist für mein Leben das, was die Geburt Jesu für das Leben von Generationen bedeutet; sie war erfüllt vom Geist, von der Reinheit und der Liebe. Sie verwandelte die Finsternis meiner Seele in Licht, die Traurigkeit in Freude, das Unglück in Glück.

Die Flammen der Liebe fallen in unterschiedlichen Gestalten und Formen auf die Erde, Geliebte, doch ihre Wirkung ist die gleiche: die kleine Flamme, die ein einzelnes menschliches Herz erleuchtet, ist aus dem gleichen Feuer wie die große, leuchtende Flamme, die vom Himmel hinabsteigt, um die Finsternis aller Nationen zu erhellen. Denn in jeder einzelnen Seele gibt es Elemente, Neigungen und Gefühle, die sich von denjenigen der ganzen menschlichen Familie nicht unterscheiden.

Die Juden erwarteten die Ankunft eines Messias, der ihnen von Beginn der Schöpfung an versprochen wurde, um sie aus der Sklaverei der Nationen zu erretten.

In Griechenland mußte man feststellen, daß die Verehrung Jupiters und Minervas in starkem Maße nachgelassen hatte und daß der geistliche Hunger der Menschen nicht mehr zu stillen war.

Und in Rom war man zu der Erkenntnis gelangt, daß die Gottheit Apollons sich weit entfernt hatte vom menschlichen Fühlen und daß die zeitlose Schönheit der Venus einer vergangenen Zeit angehörte.

Ja, alle Nationen spürten – ohne den Grund dafür zu kennen – einen geistlichen Hunger nach Lehren, welche das Materielle überschreiten; sie sehnten sich nach einer geistigen Freiheit, die den Menschen lehrt, sich zusammen mit seinem Nachbarn zu freuen am Licht der Sonne und der Schönheit des Lebens. Denn es ist die Freiheit, die es dem Menschen erlaubt, sich ohne Furcht der unsichtbaren Macht zu nähern in der Überzeugung, daß diese das Glück des Menschen im Auge hat.

All das geschah vor 2000 Jahren, meine Liebe, als die Sehnsucht des menschlichen Herzens sich über alle sichtbaren Dinge erhob – trotz der Furcht, sich dem universellen, unsterblichen Geist zu nähern, denn Pan, der Gott der Wälder, erfüllte die Seelen mit Angst und Baal, der Gott der Sonne, unterdrückte die Herzen der Armen und Schwachen durch die Hände seiner Priester.

Doch in einer einzigen Nacht, ja in einer einzigen Stunde, sogar in einem einzigen Augenblick – der aus der Geschichte herausragt, da er stärker ist als sie – öffneten sich die Lippen des Geistes, und sie sprachen das Wort des Lebens, das von Anbeginn an im Geist war.

Und es fiel herab mit dem Licht der Sterne und den Strahlen des Mondes, es nahm Fleisch an und wurde ein Kind in den Armen einer Frau an einem abgelegenen Ort, wo Hirten ihre Schafe hüteten vor den Gefahren der Nacht.

Dieses Kind, das auf trockenem Stroh in einer Futterkrippe schlief, ist ein König; sein Thron sind die Herzen, die vom Joch der Knechtschaft niedergeschlagen und erdrückt sind, Seelen, die sich nach dem Geist sehnen, und Denken, das nach Weisheit dürstet...

Dieser Säugling, der in den Kleidern seiner armen Mutter eingewickelt ist, hat durch seine Menschenfreundlichkeit dem Jupiter das Szepter der Macht aus der Hand genommen und es dem armen Hirten anvertraut, der auf der Erde zwischen seinen Schafen liegt. Durch seine Sanftmut nahm er die Weisheit von Minerva und legte sie in den Mund des einfachen Fischers, der am Ufer des Sees in seinem Boot saß. Die Seligkeit des Apollon schenkte er den Menschen mit gebrochenen Herzen, die am Wege stehen um zu betteln. Und die Schönheit der Venus ließ er im

141

Geist der Frau wohnen, die sich vor der Härte ihrer Verfolger fürchtet. Er war es, der Baal von seinem Thron absetzte und auf seinem Platz den Sämann einsetzte, der im Schweiße seines Angesichts seine Saat auf die Felder aussät.

*

Waren meine Gefühle gestern nicht die der Stämme Israels? Wartete ich nicht im Schweigen der Nacht auf die Ankunft eines Erlösers, der mich aus der Knechtschaft der Tage befreit. Verspürte ich nicht – wie jene Nationen der Vergangenheit – den tiefen geistlichen Hunger? Lief ich nicht auf den Wegen des Lebens wie ein Kind, das sich in fremder Umgebung verirrt hat? Und war meine Seele nicht wie ein Samenkorn, das auf steinigen Felsen gefallen war? Weder wurde es von einem Vogel aufgepickt, damit es stürbe, noch nahm es die Erde auf, damit es lebte.

Das war gestern, Geliebte, als meine Träume die Dunkelheit suchten, weil sie sich vor dem Licht fürchteten – und als Verzweiflung und Verdruß mich heimsuchten.

Doch in einer einzigen Nacht, ja einer einzigen Stunde, sogar in einem einzigen Augenblick wandte ich mich ab von den vergangenen Jahren meines Lebens, weil dieser Moment schöner war als diese Jahre. Aus hohem Lichtkreis fiel der Geist auf mich herab; er sah mich an mit deinen Augen und sprach zu mir mit deinen Lippen. In diesem Blick und diesem Wort erschien mir die Liebe und senkte sich in mein gebrochenes Herz.

Eine mächtige Liebe ist es, die in der Krippe meines Herzens liegt, eine schöne Liebe, eingewickelt in die Windeln meiner Gefühle. Dieser süße Säugling verwandelte die Sorgen meines Herzens in Freude, meine Verzweiflung in Hoffnung und meine Einsamkeit in Glückseligkeit.

Dieser König auf dem Thron der Seelen brachte mit seiner Stimme meine toten Tage zum Leben; er berührte meine geblendeten Augen und gab ihnen das Licht zurück, und auf dem Abgrund meiner Verzweiflung ließ er die Hoffnung wachsen.

*

Mein vergangenes Leben war eine lange Nacht, Geliebte, dann erschien die Morgenröte, und bald wird der Tag anbrechen, denn der Atem des Jesuskindes hat sich mit der Brise vermischt und erfüllt die Atmosphäre. Mein Leben war Trauer, die sich in Freude verwandelt hat. Von nun an wird mein Leben Glückseligkeit sein, denn die Arme des Jesuskindes halten mein Herz umfangen.

Zwiesprache der Herzen

Wach auf, Geliebte, wach auf, denn meine Seele ruft dich
vom anderen Ufer der stürmischen See. Meine Seele
streckt ihre Flügel nach dir aus über den wild schäumenden Wellen!

Wach auf, denn die Ruhe ist eingekehrt. Die Hufeisen der
Pferde und die Schritte der Passanten sind verstummt.
Der Schlaf hat die Menschen heimgesucht. Ich bin der
einzige, der einsam wacht, denn jedesmal wenn ich ein-
schlafe, weckt die Sehnsucht nach dir mich wieder auf,
und immer wenn die Ereignisse des Tages mich von dir
zu trennen drohen, bringt mich die Liebe zu dir zurück.

Ich verließ mein Lager, Geliebte, aus Furcht vor den Erinnerungen, die sich in den Falten meiner Decke verstecken,
und ich legte mein Buch beiseite, denn meine Tränen
löschten die Zeilen der Seiten, die mir weiß und leer erschienen.

Wach auf, Geliebte, wach auf und hör mir zu!

Hier bin ich, Geliebter! Ich hörte deinen Ruf vom anderen
Ufer des Meeres und fühlte die Berührung deiner Flügel.
Ich wurde wach, verließ mein Lager und lief hinaus aufs
Gras. Nun benetzt der Tau der Nacht meine Füße und den
Saum meines Kleides. Schau, ich stehe unter den Zweigen
des blühenden Mandelbaums und höre den Ruf deiner
Seele, Geliebter.

Sprich, Geliebte, mische deinen Atem in die Luft, die zu
mir weht aus den Tälern des Libanon! Sprich, und niemand außer mir wird deine Worte hören, denn die Finsternis trieb alle Kreatur in ihre Höhlen, und die Men-

schen übermannte der Schlaf. Ich allein blieb wach in dieser Nacht.

Der Himmel hat aus dem Licht des Mondes einen Schleier gewoben und darin den Libanon eingehüllt, Geliebter.

Der Himmel hat aus dem Dunkel der Nacht ein Gewand gewoben, gefüttert vom Rauch der Fabriken und den Seufzern der Toten, und damit hat er die Erde bedeckt, Geliebte.

*

Die Dorfbewohner schlafen in ihren Hütten, umgeben von Nußbäumen und Pappeln, und ihr Geist schwebt auf der Bühne der Träume, Geliebter.

Die Menschen sind gebeugt vom Gewicht des Goldes; Ehrgeiz und Begierde erschöpften ihre Kräfte, und ihre Augenlider sind schwer vor Kummer und Sorge. Sie warfen sich auf ihr Lager, wo sie von Fantomen der Angst und Verzweiflung gefoltert werden.

*

Die Schatten vergangener Jahrhunderte durchziehen die Täler; auf den Hügeln wohnen die Geister der Könige und Propheten. Meine Gedanken kehren zurück zu den Plätzen der Erinnerung, Geliebter, welche von der Macht der Chaldäer, der Pracht der Assyrer und der Frömmigkeit der Araber künden.

In den engen Gassen bewegen sich die Schatten der Diebe; durch Fensterritzen und Mauerspalten dringen die Schlangen der Begierde. An den Straßenecken begegnen die Seufzer der Kranken dem Hauch des Todes. Die Erinnerung zog die Vorhänge des Vergessens beiseite, Ge-

liebte, vor den Widerwärtigkeiten und Freveln von So-
dom und Gomorrha.

*

Die Zweige wiegen sich im Wind, Geliebter, und das Rascheln ihrer Blätter verbindet sie mit dem Rauschen des
Baches im Tale und erinnert an die Lieder Salomons, an
die Klänge der Harfe Davids oder an die Melodien al-
Mausilis[1].

Hunger quält die Kinder des Viertels, und ihre Seelen zittern vor Angst; ihre Mütter seufzen sorgenvoll auf dem
Lager des Elends. Wunschträume beschäftigen die Herzen der Müßiggänger. Ich höre bittere Klagen, die mein
Herz mit Traurigkeit erfüllen.

Der Duft von Lilien und Narzissen verbreitet sich und
vermischt sich mit dem Duft von Jasmin und Myrrhe, zu
dem sich der süße Zedernduft gesellt; ihr Wohlgeruch
schwebt auf den Wellen des Windes und erfüllt das Herz
mit Liebe und Sehnsucht, Geliebter.

Der Gestank der Straßen vermengt sich mit Mikroben
und Bazillen; wie verborgene spitze Pfeile verletzen sie
die Sinne und vergiften die Luft.

*

Der Morgen ist angebrochen, Geliebter, und die Finger
des Erwachens berühren die Lider der Schläfer. Von den
Gipfeln der Hügel und Berge breiten sich violette Strahlen aus und beseitigen die Schatten der Nacht vor der Ent-
schlossenheit des Lebens. Die Dörfer, die sich friedlich an
ihre Abhänge schmiegen, erwachen; von den Kirchtür-

---

[1] Ishak al-Mausili, berühmter arabischer Musiker (767–850)

men erklingen die Glocken und verkünden den Beginn des Morgengebets; sie erfüllen die Luft mit lieblichem Klang; aus den Höhlen dringt das Echo der Glocken, und es scheint, als ob die ganze Natur zum Gebet einlädt.

Die Kälber haben ihre Ställe verlassen, ebenso wie die Ziegen und Schafe; sie weiden auf den Wiesen und nähren sich von den betauten Gräsern. Vor ihnen gehen Hirten, die auf ihrer Flöte spielen, und hinter ihnen hüpfen Mädchen, die zusammen mit den Vögeln den anbrechenden Morgen begrüßen.

Der Morgen ist gekommen, Geliebte; die Hand des Tages hat sich auf die zusammengedrängten Häuser gelegt. Die Vorhänge vor den Fenstern wurden beiseite geschoben, und die Türen öffneten sich. Müde Augen und erschöpfte Gesichter erscheinen, um zu ihrer Arbeit in den Fabriken zu eilen. In ihrem Innern wohnt der Tod neben dem Leben. Angst und Sorge sind in ihre Gesichter geschrieben, als würden sie zu einer tödlichen Schlacht gezwungen. Die Straßen füllen sich mit hastenden Menschen, und die Luft ist erfüllt vom Lärm der Maschinen, vom Geheul der Dampfmotoren und vom Widerhall der Räder. Die ganze Stadt wird zu einem Schlachtfeld, wo der Starke mit dem Schwachen kämpft und der Reiche den Armen ausbeutet.

*

Wie schön ist das Leben hier, Geliebter! Es ist wie das Herz eines Dichters voller Licht und Poesie.

Wie hart ist das Leben hier, Geliebte! Es ist wie das Herz eines Verbrechers voller Frevel und Angst.

O Wind

Du ziehst vorüber – bald singend vor Freude, bald weinend und klagend.

Wir hören und fühlen dich, ohne dich zu sehen.

Du bist wie ein Meer von Liebe, das unseren Geist umgibt und mit unseren Herzen spielt.

Du steigst empor mit den Gebirgen, senkst dich hinab mit den Tälern und breitest dich aus mit den Ebenen. In deinem Aufstieg bezeugst du Mut, in deinem Sinken Sanftheit und in deiner Ausbreitung Armut. Du bist wie ein gnädiger König, großmütig mit den Schwachen und Gefallenen und stolz mit den Starken und Mächtigen.

Im Herbst seufzt du in den Tälern, und die Bäume weinen wegen deiner Seufzer.

Im Winter lehnst du dich auf, und die ganze Natur revoltiert mit dir.

Im Frühling wirst du schwach, und dank deiner Schwäche erwachen die Felder.

Im Sommer verbirgst du dich hinter einem Schleier des Schweigens, und wir halten dich für tot, erschlagen von den Pfeilen der Sonne und eingehüllt ins Leichentuch ihrer Hitze.

Mögest du klagen im Herbst oder lachen über die Scham der Bäume, die du ihrer Blätter entkleidet hast,

mögest du dich empören an Wintertagen und in den Nächten um die schneebedeckten Gräber tanzen,

mögest du krank sein im Frühling oder geschwächt wie ein Liebhaber, der unter der Abwesenheit der Geliebten leidet, auf deren Wangen er Tränen vergießt, um sie vom Schlaf zu wecken,

und mögest du tot erscheinen im Sommer oder schlafen im Herzen der Früchte, zwischen den Rebstöcken oder auf der Tenne.

Du trägst die Keime der Krankheit aus den Städten und von den Hügeln den Duft der Kräuter und Blumen. So handeln die großen Geister, welche die Leiden des Lebens still erdulden und schweigend seine Freuden erfahren.

Du flüsterst wunderbare Geheimnisse ins Ohr der Rose, die dich versteht; bald ist sie verwirrt, bald lächelt sie darüber. So machen es die Götter mit dem Geist des Menschen.

Einmal nimmst du dir Zeit, dann überstürzt du dich; du strebst voran, ohne anzuhalten wie die Gedanken des Menschen; sie leben, solange sie sich bewegen und sterben, wenn sie erstarren.

Du schreibst Verse auf die Oberfläche des Wassers, dann löschst du sie wieder aus – wie ein Dichter bei seiner Arbeit.

Vom Süden wehst du warm wie die Liebe,

vom Norden kalt wie der Tod,

vom Osten lieblich wie die Berührung des Geistes,

und vom Westen kommst du mit Gewalt wie jemand, der haßt.

Bist du wechselhaft wie die Jahre oder bist du ein Prophet, der aus den vier Himmelsrichtungen kommt, um uns mitzuteilen, was man dir dort anvertraut hat?

Im Zorn durchquerst du die Wüste, zertrampelst die Karawanen und begräbst sie im Sand. Bist du die verborgene Strömung, die im Licht der Morgenröte durch die Blätter der Bäume weht und wie Träume durch die Täler zieht, wo die Blumen sich verliebt vor dir verneigen und das Gras sich trunken wiegt?

Du peitschst das Meer auf und störst den Frieden seiner Tiefen, so daß die Gischt im Zorn aufsteigt; das Meer öffnet seinen Mund wie einen Abgrund und verschluckt Schiffe und Menschen.

Und du bist auch der zarte Liebhaber, der mit den Locken der Kinder spielt, die ums Haus laufen.

*

Wohin eilst du mit unseren Seelen, unseren Seufzern, unserem Atem? Wohin trägst du die Bilder unseres Lachens? Was machst du mit den Flammen unserer unruhigen Herzen? Nimmst du sie mit hinter dieses Abendrot, in ein anderes Leben? Oder nimmst du sie mit als Beute in entfernte Grotten und schreckliche Höhlen, bis sie vor Angst ohnmächtig werden und sterben?

In der Stille der Nacht offenbaren die Herzen dir ihre Geheimnisse; bei Anbruch des Morgens gilt dir der erste Blick aus schlaftrunkenen Lidern. Erinnerst du dich daran, was die Herzen fühlten und was die Augen sahen?

Zwischen deine Flügel legt der Arme vertrauensvoll seine Angst, der Waise hat seinen Kummer und die Trauernde ihre Klage, und in die Falten deines Gewandes verbirgt der Fremde sein Heimweh, der Verlassene seine Sehnsucht und die gefallene Frau ihre Seufzer. Bewahrst du den Schwachen, was sie dir anvertrauten, oder bist du wie die Erde, die alles, was man ihr gibt, umverwandelt und assimiliert?

Hörst du den Schrei, die Klage und das Weinen, oder bist du wie die Mächtigen unter den Menschen, welche die ausgestreckte Hand nicht beachten und die an sie gerichteten Appelle nicht hören?

Rückkehr des Geliebten

Kaum war die Nacht angebrochen, da flohen die Feinde – verwundet von Schwertern und durchbohrt von Lanzen. Die Sieger kehrten hinter dem Banner des Triumphes zurück. Sie stimmten Siegeshymnen an, während die Hufe ihrer Pferde, die auf den steinigen Wegen des Tales hallten, ihren Gesang begleiteten.

Der Mond war hinter Fam al-Mizab aufgegangen; die Felsen erhoben sich mit den Herzen der Menschen himmelwärts, und der Zedernhain erschien wie ein Orden, den vergangene Generationen an die Brust des Libanon geheftet hatten.

Singend zogen sie durch das Tal; das Mondlicht spiegelte sich in ihren blanken Waffen, und aus entfernten Höhlen klang das Echo ihrer Siegeshymnen. Als sie eine Anhöhe erreicht hatten, vernahmen sie das Wiehern eines Pferdes, das inmitten der grauen Felsen stand und aussah, als ob es aus dem Felsgestein gehauen wäre. Die Soldaten näherten sich dem Pferd und entdeckten neben ihm auf dem Boden einen blutüberströmten Leichnam.

«Zeig mir das Schwert!» rief der Anführer der Gruppe, «und ich werde euch sagen, wer er ist.»

Einige Reiter stiegen von ihren Pferden und umgaben den Toten. Nach einer Weile wandte sich einer von ihnen an den Anführer und sagte mit rauher Stimme:

«Seine Finger umklammern den Schaft des Schwertes mit aller Kraft. Es wäre schändlich, es ihm wegzunehmen.»

Ein anderer sagte: «Das Schwert ist blutüberströmt, und man kann das Metall nicht erkennen.»

Und ein dritter sagte: «Das Blut am Griff ist bereits geronnen, und die Schneidefläche und sein Arm sind eins geworden.»

Da stieg der Anführer von seinem Pferd, näherte sich dem Toten und sagte:

«Hebt seinen Kopf, und laßt den Mond sein Gesicht bescheinen!»

Die Soldaten taten, wie ihnen befohlen war, und durch den Schleier des Todes erschien das Gesicht des Toten, auf dem sich Züge von Mut, Tapferkeit und Ausdauer zeigten, das Gesicht eines Ritters, das ohne zu reden von seiner Kühnheit spricht, ein besorgtes und zugleich frohes Gesicht; das Gesicht eines Mannes, der dem Feind tapfer entgegentritt und dem Tod lächelnd begegnet, das Gesicht eines libanesischen Helden, der an diesem Tag an einer Schlacht teilgenommen hatte, die für seine Truppen siegreich verlaufen war, doch ihm war es nicht vergönnt gewesen, mit seinen Kameraden den Sieg zu feiern.

Als sie ihm seine Kopfbedeckung abgenommen und den Staub von seinem bleichen Gesicht entfernt hatten, rief der Anführer voll Schmerz:

«Das ist as-Sabi's Sohn! Welch ein Verlust!»

Die Soldaten wiederholten seufzend den Namen. Dann schwiegen sie, als ob ihre Herzen, die gerade noch trunken waren vom Wein des Sieges, auf einmal nüchtern geworden wären, denn der Verlust dieses Helden schien ihnen wichtiger zu sein als die Ehre des Sieges und ihr Stolz auf den Triumph.

Sie blieben stumm und unbeweglich stehen wie Marmorstatuen. Schweigen ist nämlich die Haltung, die der Tod in den Seelen der Helden bewirkt, während die Frauen angesichts des Todes seufzen und klagen und die Kinder weinen und schreien. Für einen Mann des Schwertes aber geziemt es sich, im Angesicht des Todes schweigend zu verharren. Dieses Schweigen, das sein Herz erfaßt wie die Krallen des Raben die Beute, erhebt sich über Tränen und Seufzer und vermehrt das Leid des Betroffenen. Dieses Schweigen läßt die Seele von den Gipfeln der Berge in die Tiefen des Tales hinabsteigen; es kündet die Ankunft des Sturmes an; wenn der Sturm aber ausbleibt, dann deshalb, weil das Schweigen stärker ist als er.

Sie entfernten das Gewand des toten Jünglings, um festzustellen, wo die Hand des Todes ihn getroffen hatte. Auf seiner Brust fanden sie von Lanzenstichen verursachte Wunden, die wie Lippen aussahen, welche im Schweigen der Nacht vom Mut dieses Helden berichteten.

Der Anführer kniete neben dem Leichnam nieder und entdeckte an seinem Handgelenk ein mit Goldfäden verziertes Tuch. Er betrachtete es und wußte, welche Hand die Seide gesponnen und welche Finger den Stoff gewebt hatten. Er verbarg das Tuch unter dem Gewand, zog sich zurück und bedeckte sein Gesicht mit zitternden Händen. Die Hand, die noch vor kurzem den Feinden die Köpfe abgeschlagen hatte, zitterte nun, weil sie den Rand eines seidenen Tuches berührt hatte, das liebende Hände um das Handgelenk eines Jünglings geknotet hatten, als dieser in die Schlacht zog. Nun war er gefallen und wird auf den Schultern seiner Kameraden zu ihr zurückkehren.

Und während die Seele des Anführers noch schwankte zwischen der Betrachtung der Schrecken des Todes und der Geheimnisse der Liebe, sagte einer seiner Soldaten:

«Kommt, graben wir ihm ein Grab unter dieser Eiche, damit ihre Wurzeln sein Blut trinken und die Zweige sich von seinen Überresten nähren, so wird sie stark und unsterblich werden und ein Symbol sein für seinen Mut.»

Ein anderer riet:

«Tragen wir ihn zum Zedernwald und begraben ihn in der Nähe der Kirche. So werden seine Gebeine bis zum Ende der Zeit unter dem Schutz des Kreuzes stehen.»

Ein anderer schlug vor:

«Bestatten wir ihn hier, wo die Erde mit seinem Blut getränkt wurde. Lassen wir das Schwert in seiner Rechten und pflanzen wir die Lanzen um ihn auf. Dann laßt uns sein Pferd auf dem Grab töten, damit das Tier und die Waffen ihn in seiner Einsamkeit trösten.»

Ein anderer gab zu bedenken:

«Beerdigt kein Schwert, das vom Blut des Feindes befleckt ist, und tötet kein Pferd, das siegreich an einer Schlacht teilgenommen hat! Laßt seine Waffen nicht in der Einöde zurück, sondern bringt sie der Familie des Toten als das schönste Erbe von ihm!»

«Laßt uns vor ihm niederknien und das Gebet des Nazaräers sprechen», sagte ein anderer, «so wird der Himmel ihm vergeben und unseren Sieg segnen.»

«Nehmen wir ihn auf die Schulter», rief ein anderer, «und machen wir aus unseren Lanzen eine Bahre für ihn! So ziehen wir mit ihm durchs Tal, indem wir Siegeslieder anstimmen. Er wird die gefallenen Feinde sehen, und die Lippen seiner Wunden werden lächeln, bevor die Erde sie aufnimmt.»

Ein anderer sagte:

«Kommt, heben wir ihn auf den Sattel seines Pferdes und stützen ihn ab mit Totenköpfen der gefallenen Feinde. Wir geben ihm sein Schwert in die Hand und geleiten ihn im Siegeszug in sein Dorf. Bevor er sich dem Tod auslieferte, hat er ihm die Seelen zahlreicher Feinde zugeführt.»

Wieder ein anderer sagte:

«Lassen wir ihn hier am Abhang des Berges zurück! Das

Echo der Grotten wird sein Begleiter sein, und das Rauschen des Baches wird ihn unterhalten. Seine Knochen werden in der Wildnis ruhen, wo sich die Nacht mit leisen Schritten nähert.»

«Nein», widersprach ein anderer, «laßt ihn nicht hier in der Wildnis zurück, wo Einsamkeit und Verlassenheit herrschen! Bringen wir ihn lieber auf den Friedhof seines Dorfes! Dort werden die Geister der Ahnen seine Freunde sein; in den Nächten werden sie sich mit ihm unterhalten und ihm von ihren Kriegen und Siegen erzählen.»

So sprachen sie. Schließlich trat der Anführer in ihre Mitte und brachte sie mit einem Zeichen zum Schweigen. Dann seufzte er und sprach:

«Stört seine Seele nicht mit Erinnerungen an den Krieg, und erzählt seinem Geist, der über uns schwebt, nichts mehr von Schwertern und Lanzen! Tragen wir ihn vielmehr in aller Ruhe zu seinem Geburtsort, denn dort wartet eine liebende Seele auf seine Rückkehr; es ist die Seele eines Mädchens, das auf seine Heimkehr von der Schlacht hofft. Bringen wir ihn zurück, so daß sie ein letztes Mal sein Gesicht sehen und ihn auf seine Stirn küssen kann!»

Sie hoben ihn auf ihre Schultern, und mit gesenkten Blicken und geneigten Köpfen trugen sie ihn schweigend fort. Traurig folgte ihnen sein Pferd, das seine Zügel über den Boden schleifen ließ. Von Zeit zu Zeit stieß es ein verzweifeltes Wiehern aus, das die Höhlen mit einem Echo beantworteten, als ob sie ein Herz hätten und Mitleid empfinden würden mit dem trauernden Tier.

So zog die Prozession durch das mondbeschienene Tal. Der Geist der Liebe führte sie an – mit gebrochenen Flügeln.

Die Schönheit des Todes

M. E. H. gewidmet

Laßt mich schlafen, denn meine Seele ist trunken von
Liebe! Laßt mich ruhen, denn mein Geist ist gesättigt vom
Leben!
Zündet Kerzen an und verbrennt Weihrauch an meinem
Lager! Streut Blütenblätter von Rosen und Narzissen auf
meinen Körper und bestäubt meine Haare mit zerriebe-
nem Moschus!
Gießt duftende Öle über meine Füße aus!
Dann schaut und lest, was die Hand des Todes auf meine
Stirn geschrieben hat!

Laßt mich versinken in die Arme des Schlafes, denn
meine Lider sind des Wachens müde!
Zupft eure Lauten und laßt die Klänge ihrer silbernen Saiten an mein Ohr dringen!
Blast Pfeifen und Flöten und webt aus ihren süßen Melodien einen Schleier um mein Herz, das Herz, das sich seinem Ende nähert!
Singt mir Lieder von Ruha, und aus ihren lieblichen Tex-
ten breitet eine Matte für meine Gefühle aus!
Dann schaut, und ihr werdet einen Hoffnungsstrahl in
meinen Augen finden!

Trocknet eure Tränen, Freunde, und erhebt eure Köpfe,
wie die Blumen bei der Ankunft der Sonne ihr ihre Gesichter zuwenden!
Seht die Braut des Todes wie eine Lichtsäule zwischen
meinem Lager und dem Firmament stehen!

Haltet euren Atem eine Weile an und hört mit mir auf das Rascheln ihrer weißen Flügel!

*

Kommt Freunde, und sagt mir Lebwohl!
Küßt meine Stirn mit lächelnden Lippen! Küßt meine Lippen mit euren Augen und meine Augen mit euren Lippen!
Laßt eure Kinder nähertreten, damit sie meinen Hals mit ihren rosigen Fingern berühren!
Führt die Alten an mein Lager, damit sie meine Stirn mit ihren welken Händen segnen!
Laßt die Töchter des Dorfes kommen, damit sie Gottes Schatten in meinen Augen sehen und das Echo der Melodie der Ewigkeit hören, die mit meinem Atem wetteifert!

Die Trennung

Nun habe ich den Gipfel des Berges erreicht, und mein Geist schwebt in einer Atmosphäre von Freiheit und Erlösung.
Ich bin weit weit entfernt von euch, Freunde.
Nebel bedeckt die Gipfel der Berge und entzieht sie meinen Blicken.
Die Weite der Täler ist eingetaucht in ein Meer des Schweigens, und die Hand des Vergessens hat die Wege und Pfade verwischt; Wiesen und Täler verbergen sich hinter Fantomen, die weiß wie Frühlingswolken sind, gelb wie Sonnenstrahlen und rot, wie der Himmel beim Sonnenuntergang.

Die Lieder der Wellen des Meeres sind verklungen –
ebenso wie das Plätschern des Baches in den Feldern.
Die Stimmen der Menschen sind verstummt, und ich
höre nichts als die Hymne der Ewigkeit,
die sich der Sehnsucht meiner Seele zugesellt.

Die Ruhe

Entfernt das Leinentuch von meinem Körper und hüllt
mich stattdessen in Blätter von Lilien und Jasmin!
Nehmt meine Gebeine aus diesem Elfenbeinsarg und legt
sie auf ein Lager aus Orangenblüten!
Hört auf zu klagen, Freunde, sondern singt Lieder der Jugend und der Freude!
Vergieße keine Tränen um mich, Tochter der Felder,
stimme vielmehr Lieder an, welche die Erntezeit und
Weinlese besingen!
Beschwert mein Herz nicht mit euren Seufzern und Kla-
gen, sondern schreibt mit euren Fingern die Symbole von
Liebe und Freude auf meine Brust!
Stört nicht die Ruhe der Atmosphäre mit dem Totenge-
sang der Priester, sondern laßt eure Herzen mit meinem
jubeln, um die Unsterblichkeit zu preisen!
Tragt keine schwarzen Trauerkleider! Legt weiße Fest-
tagskleider an, um mit mir die Ewigkeit zu feiern!
Sprecht nicht mit Bedauern über meinen Weggang!
Schließt eure Augen, und ihr werdet mich unter euch se-
hen, jetzt, morgen und immer.
Legt mich auf blühende Zweige, dann hebt mich auf eure
Schultern und bringt mich ins Freie!
Bringt mich nicht auf den Friedhof, denn das Gedränge
stört meine Ruhe, und das Geklapper der Knochen und
Totenschädel raubt mir den Schlaf!

Tragt mich in den Zypressenwald und begrabt mich an
einer Stelle, wo Veilchen und Mohnblumen blühen!
Grabt mein Grab tief, damit die Wassermassen im Frühling meine Knochen nicht ins Tal schwemmen!
Grabt mir ein breites Grab, damit die Geister der Nacht an
meiner Seite sitzen können!

Werft diese Kleider weg und legt mich nackt ins Herz der
Erde,
legt mich sanft auf die Brust meiner Mutter und Erde, bedeckt mich mit der weichen Erde!
Unter jede Handvoll Erde mischt Samen von Lilien, Jasmin und wilden Rosen, damit sie auf meinem Grab wachsen, genährt von den Elementen meines Körpers!
Sie werden wachsen und den Duft meines Herzens verbreiten; sie werden sich erheben und dem Gesicht des
Himmel das Geheimnis meiner Ruhe zeigen.
Ihr Duft wird sich mit der Brise mischen und den Vorübergehenden mein Leben erzählen – mit seinen Wün-
schen und Träumen.

Dann laßt mich allein, Freunde! Laßt mich allein, und entfernt euch mit leisen Schritten – wie das Schweigen in den
weiten Tälern!
Laßt mich allein, und trennt euch von mir in aller Stille,
wie sich die Blüten der Mandel- und Apfelbäume zerstreuen, wenn der Aprilwind vorbeizieht!
Kehrt in eure Häuser zurück, und dort findet ihr, was der
Tod mir und euch nicht wegnehmen kann!
Verlaßt diesen Platz nun, denn der, den ihr sucht, hat sich
weit entfernt aus dieser Welt.

Lied

In den Tiefen meiner Seele wohnt ein Lied,
das sich weder in Worte kleiden
noch mit Tinte zu Papier bringen läßt,
es umgibt meine Gefühle wie eine Hülle
und gelangt nicht auf meine Zunge.

Wie kann ich es anstimmen,
ohne es rauhen Winden auszusetzen?
Wem kann ich es singen,
ohne es groben Ohren preiszugeben?

In meiner Seele wohnt ein Lied,
und wenn du tief in meine Augen schautest,
sähest du den Schatten seines Schattens;
wenn du meine Fingerspitzen berührtest,
fühltest du sein Zittern.

Die Werke meiner Hände bringen es ans Licht,
wie ein See das Leuchten der Sterne spiegelt;
und meine Tränen enthüllen es
wie die Tautropfen das Geheimnis der Rose,
wenn sie sich unter der Sonne auflösen.

Es ist ein Lied, das in der Stille erklingt
und beim Lärm verstummt,
das sich im Traum offenbart
und beim Erwachen zurückzieht.

Es ist das Lied der Liebe.
Welcher Ishak[1] wird es anstimmen?
Welcher David wird es vortragen?

Sein Duft ist lieblicher
als der des Jasmin.
Welche Kehle wird es singen?
Wohlbehüteter ist sein Geheimnis
als das der Jungfräulichkeit.
Welche Saiten werden es offenbaren?

Wer verbindet in seinem Lied
das Brausen des Meeres
mit dem Gezwitscher der Nachtigall,
das Heulen des Sturmes
mit dem Seufzer eines Kindes?
Welcher Mensch
wird das Lied der Götter anstimmen?

[1] Ishak al-Mausili, berühmter arabischer Musiker (767–850)

Lied der Welle

Der Strand und ich sind Verliebte;
bald trennt uns der Wind,
bald vereint er uns.

Ich komme aus dem Dunkel
und mische das Silber meiner Gischt
mit dem Gold seines Sandes;
ich kühle sein brennendes Herz
mit meinem Speichel.

Beim Morgenrot lese ich meinem Geliebten
aus dem Buch der Liebe vor,
und er drückt mich an seine Brust;
in der Abenddämmerung
rezitiere ich ihm das Gebet der Sehnsucht,
und er küßt mich.

Rastlos bin ich und ruhelos,
doch mein Geliebter ist geduldig
und langmütig.
Bei Ebbe umarme ich meinen Geliebten,
und bei Flut
werfe ich mich ihm zu Füßen.

Oft tanzte ich mit den Töchtern des Meeres,
wenn sie aus den Tiefen aufstiegen
und sich auf Felsen setzten,
um sich am Anblick der Sterne zu ergötzen.

Oft hörte ich einem Liebhaber zu,
der einer Schönen sein Leid klagte,
und ich seufzte mit ihm.
Wie oft wandte ich mich an die Felsen,
doch sie blieben stumm und unbeweglich;
ich spielte und scherzte mit ihnen,
und sie lächelten nicht einmal!

Wie oft spülte ich einen Körper an Land
und rettete ihm das Leben!
Wie oft stahl ich Perlen
aus den Tiefen des Meeres
und schenkte sie den Töchtern der Schönheit!

In der Stille der Nacht,
wenn alle Kreatur
sich den Bildern der Träume überläßt,
wache ich einsam,
bald singend,
bald seufzend.
Ach, das Wachen richtete mich zugrunde!
Aber ich bin verliebt,
und die Wahrheit der Liebe
ist das Wachen.

Lied des Regens

Ich bin die silbernen Fäden,
welche die Götter zur Erde senden;
die Natur fängt sie auf
und schmückt sich mit ihnen.

Ich bin die kostbaren Perlen
aus der Krone der Astarte;
die Tochter des Morgens
raubte sie mir heimlich,
um die Felder zu zieren.

Ich weine,
und es lächeln die Hügel,
ich falle hinab,
und die Blumen richten sich auf.

Feld und Wolke sind Liebende,
und ich bin ihr Bote,
bald lindere ich den Durst des einen,
bald heile ich die Krankheit des anderen.

Die Stimme des Donners
und das Schwert des Blitzes
künden mein Kommen an,
aber am Ende meiner Reise
erstrahlt am Himmel der Regenbogen.

So ist das irdische Leben:
unter den Füßen der Materie
beginnt es seinen Lauf,
und in den sanften Händen des Todes
endet es.

Aus dem Herzen des Sees
steige ich auf,
schwebe auf den Flügeln der Luft,
bis ich einen Garten entdecke,
dann falle ich herab,
küsse die Lippen der Blüten
und umarme die Zweige.

Mit meinen Fingerspitzen
klopfe ich sanft an die Fensterscheiben;
einfühlsame Geister
lauschen vergnügt
dieser geheimnisvollen Musik.

Ich vertreibe die warme Luft,
der ich mein Leben verdanke,
wie eine Frau, die den Mann beherrscht,
durch die Kraft, die sie von ihm empfing.

Ich bin ein Seufzer des Meeres,
eine Träne des Himmels,
ein Lächeln des Feldes
ebenso wie die Liebe,
die ein Seufzer aus dem Meer der Gefühle ist,
eine Träne vom Himmel der Gedanken
und ein Lächeln vom Feld der Seele.

Lied der Schönheit

Ich bin der Führer der Liebe,
der Wein des Geistes
und die Nahrung des Herzens.
Ich bin eine Rose, die ihr Herz
bei Anbruch des Tages öffnet;
ein junges Mädchen pflückt mich,
küßt mich und drückt mich
an ihre Brust.

Ich bin das Haus des Glückes,
die Quelle der Freude
und der Anfang der Ruhe.
Ich bin ein Lächeln
auf den Lippen eines jungen Mädchens;
ein Jüngling sieht es,
er vergißt seine Sorgen,
und sein Leben wird eine Bühne
süßer Träume.

Ich bin die Inspiration der Dichter,
der Künstler Wegweiser,
der Musiker Lehrer.
Ich bin ein Leuchten
im Auge eines Kindes;
seine zärtliche Mutter
entdeckt es,
kniet sich nieder
und dankt Gott.

Ich erschien Adam
in Evas Gestalt
und machte ihn zum Sklaven;
ich erschien Suleiman
in der Gestalt seiner Geliebten,
er wurde ein Weiser
und ein Dichter.

Ich lächelte Helena an,
und Troja wurde zerstört.
Ich krönte Kleopatra,
und Friede verbreitete sich
im Niltal.

Ich bin wie das Schicksal:
heute baue ich auf
und morgen zerstöre ich;
ich bin wie Gott:
ich lasse leben
und lasse sterben.

Leichter bin ich
als ein Seufzer eines Veilchens
und gewaltiger als der Sturm;
ich bin eine Wahrheit, ihr Menschen,
eine Wahrheit bin ich.

Lied der Glückseligkeit

Der Mensch ist mein Freund,
und ich bin seine Geliebte;
ich sehne mich nach ihm,
und er sehnt sich nach mir.
Aber ach, in unserem Bund
gibt es eine Dritte,
die mich quält
und ihn unglücklich macht.

Es ist eine herrische Mätresse,
Materie genannt;
wo immer wir hingehen
folgt sie uns wie ein Späher
und stört unsere Zweisamkeit.

Ich suche meinen Geliebten in der Natur
unter Bäumen und am Ufer des Sees;
doch ich finde ihn nicht,
denn die Materie hat ihn verführt
und lockte ihn in die Stadt,
wo Gedränge und Korruption herrschen.

Ich suche ihn in den Hallen des Wissens
und in den Tempeln der Weisheit,
aber ich finde ihn nicht,
denn die Materie lockte ihn
in die Festung der Selbstsucht,

wo die Menschen beschäftigt sind
mit nichtigen Dingen.

Auf den Feldern der Zufriedenheit
suche ich ihn,
doch ich finde ihn nicht,
denn meine Widersacherin
hält ihn gefesselt
in den Höhlen der Begierde.

Ich rufe ihn in der Morgendämmerung,
wenn der Orient lächelt,
aber er hört mich nicht,
denn die Freude am Besitz
lenkt ihn ab.
Wenn abends Schweigen herrscht
und die Blumen schlafen,
streichle ich ihn zärtlich,
doch er beachtet mich kaum,
denn sein Geist plant schon
die Unternehmungen von morgen.

Mein Geliebter liebt mich
und sucht mich in seinen Werken,
doch er wird mich nur finden
in den Taten Gottes.

Er sucht unsere Vereinigung
in den Palästen der Ehre,
– errichtet auf den Schädeln
der Schwachen –
zwischen Gold und Silber.
Ich aber begegne ihm nur
im Haus der Einfachheit,

das die Götter erbauten
an den Ufern des Flusses
der Liebe.

Er will mich küssen
im Beisein von Verbrechern
und Unterdrückern;
doch ich werde ihm meine Lippen
nicht überlassen
außer in der Einsamkeit,
zwischen den Blumen
der Unschuld.

Er greift zur List
und benutzt sie als Mittler
zwischen uns,
aber ich brauche keinen Mittler
zwischen ihm und mir,
es sei denn eine gute Tat.

Mein Geliebter lernte
von meiner Gegenspielerin, der Materie,
Geschrei und Tumult.
Ich will ihn lehren,
vor Glück zu weinen
und Tränen des Mitleids zu vergießen
aus den Augen seiner Seele.

Mein Geliebter ist für mich,
und ich bin für ihn.

Lied der Blume

Ich bin ein Wort,
das die Natur ausspricht;
dann nimmt sie es zurück,
verbirgt es in den Falten
ihres Herzens
und wiederholt es.
Ich bin ein Stern,
der aus blauem Himmel
auf einen grünen Teppich fällt.

Ich bin die Tochter der Elemente:
der Winter trug mich
in seinem Schoß,
der Frühling brachte mich
zur Welt,
der Sommer zog mich auf,
und der Herbst
sang mich in den Schlaf.

Ich bin ein Geschenk
an die Geliebte,
eine Brautkrone,
ich bin die letzte Gabe
eines Lebenden an einen Toten.

Am Morgen künden der Sephir und ich
die Ankunft des Lichtes an,

und am Abend sagen die Vögel und ich
ihm Lebewohl.

Ich lasse mich nieder
auf den Wiesen
und schmücke sie.
Ich atme in den Wind
und parfümiere ihn
mit meinem Duft.

Ich umarme den Schlaf,
und die zahllosen Augen der Nacht
blicken mich an.
Ich erwarte den Morgen,
um auf das eine Auge
des Tages zu schauen.

Ich trinke den Tau wie Wein
und lausche dem Lied der Drossel.
Unter dem Applaus des Grases
tanze ich.
Ich blicke stets nach oben,
um nicht meinen Schatten,
sondern das Licht zu sehen.
Und dies ist eine Weisheit,
die der Mensch
noch nicht gelernt hat.

Lied des Menschen

Ihr wart tot, und Er erweckte euch zum Leben.
Dann ließ Er euch sterben. Er wird euch wieder lebendig
machen, und ihr werdet zu Ihm zurückkehren.   Koran

Seit Anbeginn war ich,
und ich bin.
Ich werde sein
bis zum Ende der Zeiten,
denn ich bin ohne Ende.

Ich schwebte im Raum der Unendlichkeit
und in den Welten der Fantasie;
ich näherte mich dem Lichtkreis.
Doch nun bin ich ein Gefangener der Materie.

Ich lauschte den Lehren des Konfuzius
und der Weisheit des Brahma.
Ich setzte mich neben Buddha
unter den Baum der Erkenntnis.
Doch nun ringe ich mit Unwissen und Unglauben.

Ich war auf dem Sinai,
als der Herr dem Moses erschien;
am Jordanufer war ich Zeuge
der Wunder des Nazaräers,
und in Medina hörte ich die Worte
des Propheten der Araber.
Doch siehe, nun bin ich ein Opfer des Zweifels.

Ich erlebte Babylons Macht,
Ägyptens Ruhm
und die Größe Griechenlands.

Und nun erblicke ich weit und breit
die Schwäche und Niedrigkeit
aller menschlichen Taten.

Ich setzte mich zusammen
mit den Magiern von Endor,
mit den Priestern Assyriens
und den Propheten Palästinas,
und ich höre nicht auf,
die Wahrheit zu suchen.

Ich befolgte die Weisheit Indiens,
lernte die Poesie auswendig,
die aus den Herzen der Araber stammt,
und ich lauschte der Musik
der Völker des Westens.

Doch nun bin ich blind
und kann nicht mehr sehen,
bin taub und vermag nicht mehr
zu hören.

Ich ertrug die Grausamkeit
unersättlicher Eroberer,
litt unter der Ungerechtigkeit
und Willkür der Mächtigen
und ertrug die Knechtschaft
der Tyrannen.
Nun bin ich stark genug,
um mit den Tagen zu kämpfen.

All dies hörte und sah ich
als ich noch Kind war.
Ich sehe und höre nun

die Werke der Jugend.
Dann werde ich alt
und vollkommen werden,
und ich werde zu Gott zurückkehren.

Seit Anbeginn war ich,
und ich bin.
Ich werde sein
bis zum Ende der Zeiten,
denn ich bin ohne Ende.

Stimme des Dichters

Eine Macht streut ihre Saat in die Tiefen meines Herzens und ich ernte sie; ich sammle die Ähren und teile sie an die Hungernden aus. Der Geist macht diesen kleinen Rebstock lebendig; ich presse seine Trauben und biete ihren Saft den Durstigen an. Der Himmel füllt diese Lampe mit Öl; ich zünde sie an und stelle sie ins Fenster meines Hauses für diejenigen, die im Dunkel der Nacht hier vorbeikommen.

Ich tue all dies, weil ich auf diese Weise lebe. Würden die Tage mich daran hindern und die Nächte meine Hände davon abhalten, so würde ich den Tod suchen, denn für einen Dichter, der im eigenen Land ein Fremder ist, und für einen Propheten, der in seinem Volk nicht anerkannt wird, ist der Tod willkommener als das Leben.

Die Menschen lärmen wie ein mächtiger Sturm; ich aber seufze schweigend, denn ich weiß, daß die Gewalt des Sturmes vorübergeht – aufgezehrt von den Tiefen der Zeit –, während das Seufzen bleibt, solange Gott währt.

Die Menschen sind mit der Materie verhaftet, die eiskalt ist wie der Schnee. Ich aber suche die Flamme der Liebe, um sie an meine Brust zu drücken, damit sie meine Rippen verzehre und mein Inneres befreie, denn ich habe erfahren, daß die Materie den Menschen tötet, ohne daß er Schmerzen empfindet, während die Liebe ihn unter Schmerzen lebendig macht.

Die Menschen spalten sich auf in Konfessionen und Stämme und gehören verschiedenen Ländern und Regionen an; ich empfinde mich als Ausländer im eigenen Land und als Fremden in meiner eigenen Nation, denn die ganze Erde ist meine Heimat und die ganze menschliche Familie mein Stamm. Ich finde den Menschen zu schwach und zu klein, um sich noch aufzusplittern, und die Erde zu eng, um sie in verschiedene Königreiche und Fürstentümer aufzuteilen.

Die Menschen unterstützen sich gegenseitig darin, die Tempel des Geistes niederzureißen und Tempel des Körpers aufzurichten. Ich aber stehe allein, klagend und lauschend, und in meinem Innern höre ich eine Stimme der Hoffnung sagen:

«So wie die Liebe das menschliche Herz durch Schmerzen lebendig macht, so läßt sie es durch Unwissen zum Wissen gelangen. Schmerzen und Unwissenheit können zu Freude und Erkenntnis führen, denn die ewige Weisheit schuf nichts Unnötiges unter der Sonne.»

*

Ich sehne mich nach meiner Heimat ihrer Schönheit wegen, und ich liebe die Bewohner meines Landes wegen ihres Unglücks. Doch sollte sich mein Volk anschicken – getrieben von dem, was man Nationalismus nennt – und das Land meines Nachbarn überfallen, seine Güter rauben, seine Männer töten, seine Kinder zu Waisen und seine Frauen zu Witwen machen und die Erde mit dem Blut seiner Söhne tränken, dann würde ich mein Land und meine Landsleute verachten.

Beim Gedanken an meinen Geburtsort jubelt mein Herz, und mit Sehnsucht denke ich an das Haus, in dem ich aufwuchs. Sollte aber ein Vorübergehender, der um Nahrung und Unterkunft in diesem Hause bittet, von seinen Bewohnern abgewiesen werden, so würde sich mein

Jubel in Trauer verwandeln und meine Sehnsucht in Vergessen, und ich würde mir sagen:

«Ein Haus, das einem Hungrigen das Brot verweigert und einem Obdachlosen das Bett, verdient es, vernichtet zu werden.»

Ich liebe meinen Geburtsort, diese Liebe ist ein Teil der Liebe zu meinem Vaterland, und meine Vaterlandsliebe ist ein Teil der Liebe zur Erde. Die Erde hat meine ungeteilte Liebe, denn sie ist die Weide der Menschheit und die Wohnung des Geistes Gottes auf Erden.

Die geweihte Menschheit ist der Geist Gottes auf Erden. Es ist jene Menschheit, die inmitten von Ruinen steht und ihre Nacktheit mit zerschlissenen Kleidern bedeckt, die auf ihren gefurchten Wangen bittere Tränen vergießt und nach ihren Söhnen ruft mit einer Stimme, die den Raum mit Wehklagen erfüllt. Doch die Söhne – taub vom Lärm ihrer Kampflieder und vom Schleifen ihrer Schwerter – hören nicht auf ihren Ruf. Jene Menschheit ist es, die in ihrer Einsamkeit den Menschen um Hilfe bittet, ohne erhört zu werden. Und wenn einer den Ruf hört, sich nähert, ihre Tränen trocknet und sie in ihrem Unglück tröstet, dann heißt es von ihm:

«Laßt ihn gehen, denn nur Schwächlinge lassen sich durch Tränen beeindrucken.»

Jene Menschheit ist der Geist Gottes auf Erden. Dieser Göttliche Geist geht zwischen den Nationen einher; er ruft zur Liebe auf und weist auf den Weg zum Leben hin.

Die Menge aber macht sich lustig über seine Worte und Lehren. Ihr Gelächter hörte gestern der Nazaräer, und sie kreuzigten ihn. Und Sokrates hörte es, und sie vergifteten ihn. Doch die Menschen, die ihre Worte hören und zu befolgen suchen, kann die Menge nicht töten. So gießen sie ihren Spott über sie aus und sagen: «Spott ist bitterer und unerträglicher als der Tod.»

Jerusalem konnte den Nazaräer nicht töten, denn er ist lebendig bis in alle Ewigkeit; und Athen konnte Sokrates nicht zum Schweigen bringen, denn er lebt ewig. Spott und Ironie vermögen diejenigen nicht zu besiegen, die der Menschlichkeit ein Ohr leihen und den Spuren der Göttlichkeit folgen, denn sie werden ewig leben.

*

Du bist mein Bruder, und wir sind Söhne eines universellen heiligen Geistes. Du bist meinesgleichen, denn wir sind beide Gefangene unseres Körpers, der aus dem gleichen Ton geschaffen wurde.

Du bist mein Weggefährte und hilfst mir, die Wahrheit zu verstehen, die hinter den Wolken verborgen ist. Du bist ein Mensch wie ich, und ich liebe dich, mein Bruder.

Sag über mich, was du willst, das Morgen wird dich richten; dein Wort wird ihm ein Zeuge sein, und es wird ein Beweis sein für seine Gerechtigkeit.

Nimm von mir, was du willst! Du nimmst mir nichts als Dinge, worauf du ein Anrecht hast, und die ich in meiner Begehrlichkeit angehäuft habe. Du verdienst davon deinen Teil, wenn dir ein Teil genügt.

Mach mit mir, was du willst! Du kannst mein Wesen nicht antasten. Vergieße mein Blut, verbrenne meinen Körper; du kannst meine Seele weder verletzen noch zerstören! Fessele meine Hände und meine Füße und wirf mich in einen finsteren Kerker; du kannst meine Gedanken nicht fesseln, denn sie sind frei wie der Wind, der durch den zeit- und grenzenlosen Raum weht.

Du bist mein Bruder, und ich liebe dich. Ich liebe dich, ob du dich in deiner Moschee verneigst, in deinem Tempel stehst oder in deiner Kirche kniest. Du und ich, wir sind Söhne einer Religion, und diese Religion ist der Geist. Die Führer der verschiedenen Zweige dieser Religion sind wie die Finger an einer Hand der Gottheit, und diese Hand weist auf die Vollendung des Menschen hin.

Ich liebe dich, mein Bruder, weil ich deine Wahrheit liebe, die in deinem Geist wohnt. Diese Wahrheit vermag ich jetzt – wegen meiner Blindheit – noch nicht zu sehen, aber sie ist heilig für mich, denn sie ist ein Werk des Geistes. In der kommenden Welt wird sich deine Wahrheit mit der meinen treffen, beide werden sich vermischen wie der Duft verschiedener Blumen, und sie werden eine Wahrheit werden, die ewig ist – wie die Ewigkeit der Liebe und der Schönheit.

Ich liebe dich, denn ich sah dich schwach vor den Starken und Mächtigen und bedürftig vor den Palästen der Reichen und Satten. Deshalb weinte ich deinetwegen. Doch durch meine Tränen sah ich dich in den Armen der Gerechtigkeit, die dich anlächelte, während sie über deine Verfolger spottete. Du bist mein Bruder, und ich liebe dich.

*

Du bist mein Bruder, und ich liebe dich. Warum streitest du mit mir? Warum kommst du in mein Land, um mich zu unterwerfen und diejenigen zufriedenzustellen, die durch deine Taten ihre Ehre suchen und durch deine Mühen ihr Vergnügen? Warum verläßt du deine Frau und deine Kinder und suchst den Tod in einem fernen Land? Ist es wegen der Führer, die sich mit deinem Blut Ansehen erkaufen und mit deiner Mutter Trauer Ruhm und Ehre? Dann laßt uns Kain ein Denkmal errichten und auf Hanan ein Loblied anstimmen!

Man sagt, Bruder, daß die Selbstverteidigung ein Naturgesetz ist, doch ich hörte diejenigen, die nach Privilegien streben, dir die Selbsterniedrigung predigen, damit sie dich und deine Brüder um so leichter unterjochen können. Man sagt auch, daß die Liebe zum Leben es verlangt, sich über die Rechte anderer hinwegzusetzen. Ich aber sage dir:

«Der Respekt der Rechte des anderen ist eine der schönsten und würdigsten Tugenden des Menschen.» Und ich füge hinzu: «Wenn ich mein Leben der Zerstörung des Lebens anderer verdanken müßte, so wäre mir der Tod lieber als das Leben. Und wenn ich niemanden fände, der meine Bitte erhörte und mich tötete, so würde ich mich mit eigener Hand vorzeitig in die Ewigkeit versetzen.»

Der Egoismus schuf unter den Menschen den Geist der Konkurrenz; diese brachte den Fanatismus hervor, der wiederum Gewalt erzeugte, die schließlich zur Uneinigkeit und Unterdrückung führte. Der Geist bekennt die Macht der Weisheit und Gerechtigkeit; er verwirft die Macht, die aus Metall spitze Schwerter und Folterinstrumente herstellt, um damit der Unwissenheit und Ungerechtigkeit zur Herrschaft zu verhelfen. Diese Macht ist es, die Babylon zerstörte, Jerusalem vernichtete und die Bauten Roms niederriß. Es ist die Macht, die Mörder und Blutvergießer an ihre Spitze stellt; und die Menge hält sie für große Führer, die Historiker rühmen ihre Namen, und die Bücher weigern sich nicht, von ihren Schlachten und Machtkämpfen zu berichten, ebenso wie die Erde sich nicht sträubt, sie auf ihrem Rücken zu tragen, obwohl sie ihr Gesicht mit unschuldigem Blut besudelten.

Warum läßt du dich so leicht von Verführern verlocken, mein Bruder? Warum bist du denjenigen so ergeben, die dir Schaden zufügen und dich verletzen?

Die wahre Macht ist die Weisheit, welche die universellen, gerechten Gesetze der Natur respektiert. Wo ist die

Gerechtigkeit der Macht, wenn sie Mörder tötet und Diebe gefangennimmt und dann ins Nachbarland einrückt, Tausende tötet und Zehntausende beraubt? Was soll man von Mördern halten, die Mörder bestrafen, und von Räubern, die Diebe zur Rechenschaft ziehen?

Du bist mein Bruder, und ich liebe dich. Und die Liebe ist Gerechtigkeit in ihrer höchsten Erscheinungsform. Und wenn meine Liebe zu dir nicht überall und in allen Ländern gerecht ist, dann bin ich ein Lügner, der die Häßlichkeit des Egoismus mit dem prächtigen Gewand der Liebe verhüllt.

Schlußwort

Meine Seele ist meine Gefährtin, die mich stärkt, wenn das Unglück der Tage mich zu erdrücken droht, und die mich tröstet, wenn die Schwierigkeiten des Lebens sich mehren. Wer nicht der Freund seiner Seele ist, ist ein Feind der Menschen. Und wer nicht sein eigener Vertrauter ist, stirbt vor Verzweiflung, denn das Leben entspringt im Innern eines Menschen und kommt nicht von dem, was ihn umgibt.

Ich bin in diese Welt gekommen, um ein Wort zu sagen, und ich werde es aussprechen. Doch wenn der Tod mich holt, bevor ich dieses Wort ausgesprochen habe, dann wird es das Morgen verkünden, denn nichts wird verborgen bleiben im Buch der Unendlichkeit.

Ich bin in die Welt gekommen, um im Glanz der Liebe und im Licht der Schönheit zu leben. Und siehe, ich bin lebendig! Die Menschen können mich nicht von meinem Leben trennen. Sollten sie mir mein Augenlicht nehmen, so würde ich den Liedern der Liebe und den Melodien der Schönheit lauschen; sollten sie mir mein Gehör rauben, so würde ich mich an der zärtlichen Berührung der Brise erfreuen, die erfüllt ist von den Seufzern der Liebenden und vom Duft der Schönheit. Und wäre mir auch das verweigert, so würde ich mich mit meiner Seele trösten, denn sie ist die Tochter der Liebe und der Schönheit.

Ich bin in diese Welt gekommen, um für alle und in allen zu sein. Was ich heute in meiner Einsamkeit tue, wird das Morgen allen offenbaren. Was ich jetzt mit einer Zunge sage, werden in Zukunft tausend Zungen verkünden.